Brigitte Hommerich/Manfred Maus/Utho Creusen

Wieviel Management braucht der Mensch

Brigitte Hommerich/
Manfred Maus/Utho Creusen

Wieviel Management braucht der Mensch

Abschied vom Machbarkeitswahn

Die Deutsche Bibliothek – CIP-Einheitsaufnahme

Hommerich, Brigitte:
Wieviel Management braucht der Mensch : Abschied vom Machbarkeitswahn / Brigitte Hommerich/Manfred Maus/Utho Creusen. – Wiesbaden : Gabler, 1995

NE: Maus, Manfred:; Creusen, Utho:

Der Gabler Verlag ist ein Unternehmen
der Bertelsmann Fachinformation.
Betriebswirtschaftlicher Verlag Dr. Th. Gabler GmbH, Wiesbaden 1995
Chefredaktion: Dr. Andreas Lukas

Das Werk einschließlich aller seiner Teile ist urheberrechtlich geschützt. Jede Verwertung außerhalb der engen Grenzen des Urheberrechts ist ohne Zustimmung des Verlags unzulässig und strafbar. Das gilt insbesondere für Vervielfältigungen, Übersetzungen, Mikroverfilmungen und die Einspeicherung und Verarbeitung in elektronischen Systemen.

Höchste inhaltliche und technische Qualität unserer Produkte ist unser Ziel. Bei der Produktion und Verbreitung unserer Bücher wollen wir die Umwelt schonen: Dieses Buch ist auf säurefreiem und chlorfrei gebleichtem Papier gedruckt. Die Einschweißfolie besteht aus Polyäthylen und damit aus organischen Grundstoffen, die weder bei der Herstellung noch bei der Verbrennung Schadstoffe freisetzen.

Die Wiedergabe von Gebrauchsnamen, Handelsnamen, Warenbezeichnungen usw. in diesem Werk berechtigt auch ohne besondere Kennzeichnung nicht zu der Annahme, daß solche Namen im Sinne der Warenzeichen- und Markenschutz-Gesetzgebung als frei zu betrachten wären und daher von jedermann benutzt werden dürften.

ISBN-13: 978-3-409-18778-7   e-ISBN-13: 978-3-322-82683-1
DOI: 10.1007/978-3-322-82683-1

Vorwort

Als erstes Handelsunternehmen in Deutschland baute die OBI Bau- und Heimwerkermärkte, Wermelskirchen, ein Franchise-System auf. Um ein Maximum an Selbstverantwortung und Initiative zu erreichen, wurde von Anfang an das Prinzip der Mitsprache und Mitentscheidung verfolgt. Nach dem Motto „Hochleistungen im Dienste des Kunden" entstand so ein partnerschaftliches Franchise-System. Auf dem Deutschen Marketing-Tag 1995 erhielt OBI dafür den Deutschen Marketing-Preis. Als Leitidee für „Wieviel Management braucht der Mensch – Abschied vom Machbarkeitswahn" steht dieses partnerschaftliche Modell.

Der Gründer und Geschäftsführer von OBI, Manfred Maus, dazu: „Die Organisationsentwicklung steht und fällt mit der Bereitschaft der Führungsspitze zum offenen Gespräch, zum Konflikt, zum persönlichen Über-Sich-Hinauswachsen! Wenn diese Bereitschaft nicht vorhanden ist, können Führungskräfte der mittleren Ebene so viele Führungstrainings absolvieren wie sie wollen: An der Unternehmenskultur wird sich nichts ändern, solange nicht der Startschuß dazu von ganz oben abgegeben wird.

Ich bin davon überzeugt, daß nur die Unternehmen überleben werden, die sich durch eine gelebte Unternehmenskultur auszeichnen. Durch eine Kultur, die die Führenden mit der „neuen Bescheidenheit" ausstattet, die für die Entfaltung von Mitarbeitern nun einmal unverzichtbar ist. Durch eine Kultur, die den althergebrachten Ressortegoismus durch einen gelebten Teamgeist ersetzt."

Die Verbindung von Größe und Einheitlichkeit mit Individualität und Flexibilität und eine Innovations-Implementierung auf der Basis einer beharrlich angewandten Unternehmens- und Marketing-Philosophie haben OBI wachsen lassen. Diesen Weg geht das Unternehmen mit seinem partnerschaftlichen Franchise-System zuversichtlich weiter in die Zukunft. Die Botschaft an andere lautet: Mut für neue Ideen, die oft der Zeit voraus sind, die aber die Partnerschaft von Unternehmen, Mitarbeitern und Kunden in den Mittelpunkt stellen und den Dialog suchen. Deshalb haben die Autoren wie in ihrem ersten Buch „Die Chance Innovation – Wie Sie Wandel mit Mitarbeitern leben und gestalten" die dialogische Form des Gesprächs gewählt. Der Leser soll durch die Fragen, Antworten, aber auch Widersprüche eingebunden werden und diesen Dialog für das eigene Umfeld aufnehmen.

Es ist höchste Zeit, so die Aufforderung der Autoren, die Menschen auch in der Wirtschaft mündig zu machen und die Chance zu ergreifen, sich ihrer Potentiale und ihres Verstandes zu bedienen. Autorität aufgrund von Leistung und Kompetenz, nicht aufgrund von Status und Funktion, bereichsübergreifendes Denken und ein auf Miteinander orientiertes, kooperatives Verhalten stellen deshalb die adäquate Antwort auf künftige Anforderungen dar. Hierzu kann das Buch als eine Art Initialzündung angesehen werden, um neue Wege zu beschreiten und Innovationen zu ermöglichen.

Wiesbaden, im Oktober 1995   Dr. Andreas Lukas

Inhalt

Vorwort 5

1. Turbulenzen – gebannt und gefürchtet 9
   Die Welt als Scheibe mit Bretterzaun:
   Frederick W. Taylor läßt grüßen 9
   Grenzüberschreitungen:
   Warum der Taylorismus an sein Ende kommen muß 23
   Besitz-Stände:
   Warum die „lernende Organisation" so schwer
   aus den Kinderschuhen herauswächst 37

2. Orientierungen für
   die Führung von morgen 47
   Lob der Unordnung:
   Paten(d)lösungen ade! 47
   Führen heißt: Mit offenen Sinnen lernen 58
   Kampf dem Größenwahn:
   Nur wer sich selbstkritisch führt, kann
   andere führen 66
   Führen heißt: Gemeinsam Sinn schaffen 70
   Mehr Mut zum existentiellen Risiko! 78

3. Tagträume von heute 85

   Der alltägliche Mach(t)barkeitswahn:
   Tagträume im Management 85
   Des Kaisers neue Kleider:
   Warum man die eigene Schwäche so gut
   versteckt 97
   Was „bist" du und was „hast" du:
   Zwischen Leistungserfolgen und Lebensfülle 105

4. „Führen" statt „managen"
   Neue Wege für Wachstum
   nach innen und außen 119

Die Autoren 131

Anmerkungen 133

1. Turbulenzen – gebannt und gefürchtet

Die Welt als Scheibe mit Bretterzaun: Frederick W. Taylor läßt grüßen

Hommerich:
Das Unternehmen, das Sie, Herr Maus, im Jahre 1970 zusammen mit Dr. Emil Lux gründeten, hat sich innerhalb von 25 Jahren zum Marktführer entwickelt. In diesem Jahr werden Sie mit 300 Märkten allein in Deutschland einen Jahresumsatz von rund 4 Milliarden DM erwirtschaften.

Ihre Art, das Unternehmen zu führen, ist in der Branche immer mit Aufmerksamkeit verfolgt worden. Ja, man muß sagen, mit einer Aufmerksamkeit, die – zumindest in der Anfangsphase – zwischen Bewunderung und totaler Ablehnung schwankte. Mit Ihrer Führungsphilosophie zum Beispiel, die den Menschen schon vor 25 Jahren viel mehr Gestaltungsfreiheit und Eigenverantwortung einräumte, als es sonst in der Wirtschaft üblich war, waren Sie in Deutschland ein absoluter Außenseiter.

Maus:
Hat sich das bis heute so sehr geändert?

Hommerich:
Zumindest werden Sie heute nicht mehr als „Sozialromantiker" betrachtet, wie in den Anfangsjahren. Man hört Ihnen zu, man ist bereit, Impulse aufzunehmen. Schließlich verbindet sich ja eine Erfolgsstory mit Ihrer Person: Sie haben den Beweis erbracht, daß man nicht ins Chaos und in die

roten Zahlen versinkt, wenn Menschen auch in ihrem Beruf die notwendige Gestaltungs- und Entscheidungsfreiheit besitzen.

Creusen:
Wenn wir heute mit Ihnen über „Führung" diskutieren, könnten Skeptiker dieses Unterfangen mit der Frage abtun: „Hat Herr Maus in dieser wirtschaftlich angespannten Zeit nichts Wichtigeres zu tun, als zu philosophieren?"

Maus:
In wirtschaftlichen Krisenzeiten redet man sich immer damit heraus, man müsse zunächst wieder „alles in den Griff bekommen", bevor man sich solchen „Randproblemen" wie dem der Führung zuwenden könne. Und wenn es dann besser geht, besucht man vielleicht auch das eine oder andere Seminar über Führung. Doch was kommt dabei in der Regel heraus? Die hehren Grundsätze moderner Führung wandern in die Hochglanzbroschüren über „Unternehmenskultur". Doch in der Art und Weise, wie man tatsächlich miteinander umgeht, ändert sich kaum etwas.

Hommerich:
„Die Botschaft hör' ich wohl, allein mir fehlt der Glaube"?

Maus:
Das ist doch immer wieder das alte Lied: Solange die oberste Heeresleitung nicht das Zeichen gibt, daß sich etwas verändern darf, verändert sich auch nichts. Da können die Führungskräfte im Mittelmanagement sogar besten Willens sein – sie werden nichts ausrichten.

Die Entscheidungsstrukturen in der Wirtschaft sind doch immer noch – so beobachte ich es allenthalben – anachronistisch zurückgeblieben. Überall sonst sind die Menschen „mündig" geworden und nutzen ihre Chance, sich ihres eigenen Verstandes zu bedienen, mitzubestimmen, mitzugestalten, statt

Das Erbe des Taylorismus

sich etablierten Autoritäten unterzuordnen. Ob im Privatleben, im gesellschaftlichen Leben, in der Politik: Überall finden wir – vollkommen berechtigt! – den Anspruch auf Mitsprache. Auch in der Wirtschaft. Nur da wird er am wenigsten respektiert.

Creusen:
Warum da am wenigsten?

Maus:
Weil das eines der letzten geschützten Reservate ist, in dem die Häuptlinge mentalitätsmäßig noch auf den Bäumen hocken, während die Menschen sich in allen anderen Bereichen des Lebens schon erfolgreich im aufrechten Gang üben. Wo sonst können sie ihren Instinkten nach Geltung und Macht – Instinkte, die schon die Führungsnaturen in der Urhorde auszeichneten – so ausleben wie hier?

Im Privatleben, im gesellschaftlichen oder politischen Leben bricht sich der Anspruch, andere nach den eigenen Zielvorgaben handeln zu lassen, am Anspruch dieser anderen. Das ist mit Sicherheit der Grund, warum er in der Wirtschaft immer noch – oder gerade heute – so verteidigt wird.

Wer in der Hierarchie ein paar Stufen höher gestiegen ist, hält an dem einmal erworbenen Besitz-Stand an Einkommen, Privilegien und Macht mit Zähnen und Klauen fest. Und dies umso stärker, je hierarchischer das Unternehmen gegliedert ist und je weniger Gestaltungs- und Entscheidungsfreiräume die Häuptlinge ganz oben an ihre Hilfs-Häuptlinge weitergeben.

Creusen:
Norbert Blüm argumentiert ganz ähnlich, wenn er sagt, daß unsere heutige wirtschaftliche Strukturkrise ihren Kern in einer Mentalitätskrise des Beharrenwollens, in einer Krise des Besitz-Stands-Denkens hat (1). Nur deshalb arbeitet man wei-

Turbulenzen

terhin mit den Methoden des beginnenden 20. Jahrhunderts – mit hierarchischen Barrieren, Stellenbeschreibungen, rigiden Zielvorgaben und Verhaltensweisen, die wenig Spielraum für Initiative und Eigenverantwortung von Mitarbeitern lassen.

Maus:
Genau das ist das Problem: In der Wirtschaft weigert man sich noch heute beharrlich, die einmal erworbenen Machtansprüche an andere Menschen abzutreten. „Empowerment" im Sinne einer systematischen Ermächtigung von Mitarbeitern, ihre Leistungen eigenverantwortlich im Rahmen selbst gesetzter Ziele zu kontrollieren, wird zwar gepredigt, aber nicht gelebt. Warum?

Weil man dann ernst damit machen müßte, die Hierarchien zu verflachen. Und man beraubte sich selbst der so mühsam erkämpften Kontrollfunktion über andere Menschen ...

Hommerich:
Wenn von Kontrolle über Menschen die Rede ist, fällt mir das Bild von Thomas Bata, dem Patriarchen der tschechischen Schuhindustrie, ein: Thomas Bata beherrschte um die Jahrhundertwende sein Imperium von einem in einen Aufzug eingebauten Arbeitszimmer aus. Dessen Mobilität diente der schnellen und überraschenden Überwachung ganzer Abteilungen.

Bei Bata wurde geradezu skuril auf die Spitze getrieben, was für die Struktur der industriellen Massenproduktion nur konsequent war: klar voneinander abgegrenzte Abteilungen, strenge Hierachie, standardisierte Arbeitsabläufe, Trennung von Hand- und Kopfarbeit, Reduktion von Arbeitskräften auf besondere Funktionen.

Dies alles kombiniert mit einer Entscheidungs-, Planungs- und Kontrollkompetenz, die sich auf ein Headquarter konzentrierte, das auf eine Person zugeschnitten war. Dieses Headquarter blieb als fahrbarer Käfig von seiner Umwelt streng abgegrenzt.

Creusen:
Die erste industrielle Revolution, die alle Arbeitsabläufe im Sinne eines reibungslosen Funktionierens der großen „Unternehmensmaschine" bis zur Perfektion standardisierte, konnte nur mit einer Führungskultur nach dem Prinzip von Befehl und Gehorsam funktionieren.

Hommerich:
Ja, es wurden allenthalben Grenzen abgesteckt: Grenzen zwischen Arbeitsabläufen, zwischen Abteilungen, zwischen Kopf- und Handarbeit, zwischen den Menschen untereinander, zwischen den unterschiedlichen Kompetenzen in den Menschen selbst. Das war die Situation um die Wende vom 19. zum 20. Jahrhundert. In welcher Situation stehen wir heute, 100 Jahre später, an der Wende zu einem neuen Jahrtausend?

Creusen:
Wenn man Organisationen kritisch betrachtet, trifft man auch heute noch auf das gleiche Bild. Das entscheidende Element von Organisationen sind ihre Grenzen. Es gibt ein Innen, es gibt ein Außen, und dieses Innen und Außen definiert eindeutige Rollenerwartungen an die Menschen: Wenn ich mich im Rahmen der Organisation bewege, muß ich mich anders verhalten als außerhalb.

Im Inneren der Organisation werden dann noch einmal Grenzen zementiert – vor allem Grenzen zwischen den einzelnen Funktionen. Das ist in jeder Organisation ähnlich. Das auffälligste Zeichen dafür: Stellenbeschreibungen und Organigramme. Das sind bis heute die klassischen Handwerkzeuge der Führungskräfte innerhalb von Organisationen.

Hommerich:
Mitarbeiter werden eingestellt mit der Maßgabe, für bestimmte

Turbulenzen

Funktionen verantwortlich zu sein. Verhindert das denn zwangsläufig die Möglichkeit, aus diesen Funktionen herauszuwachsen?

Maus:
Im Grunde, ja. Denn es sprengt Grenzen, bringt Unruhe, wenn außerhalb klar definierter Grenzen agiert wird. Man hält an der organisatorischen Starrheit fest, weil man nichts verändern will. Die Welt ändert sich außerhalb der Organisation ja schon dramatisch genug. Da soll wenigstens das Innere überschaubar – und das heißt: klar abgegrenzt bleiben.

Das Erschreckende an der Personalpolitik vieler Unternehmen besteht doch darin, daß man leere Stühle mit Menschen besetzt, von denen man annimmt, daß sie auf diesen Stuhl passen. Genau damit werden Veränderungen im Kern abgewürgt. Denn wenn der Mensch, der den Stuhl besetzt hat, wächst, wird der Stuhl bald zu klein. Wer auf einen leeren Stuhl gesetzt wird, muß schon mit den kompletten Fähigkeiten gesegnet sein, die von ihm später erwartet werden. Sonst paßt er nicht darauf.

Hommerich:
Sind wir dem Erbe des Taylorismus also immer noch nicht entwachsen? Taylor war es ja, der die Grenzen zementiert hat: die Grenzen zwischen Abteilungen, zwischen Kopf- und Handarbeit, zwischen einzelnen Fähigkeiten von Menschen. Diese Fähigkeiten wurden dann so stark standardisiert, daß der Mensch nur noch bestimmte Handgriffe verrichtete. Am besten ist das in Charly Chaplins Film „Moderne Zeiten" karikiert worden.

Creusen:
Ich denke, daß wir in Westeuropa noch viel stärker im tayloristischen Denken verhaftet sind als z. B. die Japaner. Sie erst haben den Taylorismus als Organisationsprinzip gesprengt. Das „Geheimnis" ihrer enorm hohen Produktivität liegt doch

Das Erbe des Taylorismus

darin, daß sie die Fähigkeiten der Menschen nicht mehr wie in Kästen nebeneinander stapeln, von denen jeder einzelne ein Eigenleben entfaltet. In Japan wird vielmehr größter Wert darauf gelegt, daß die Menschen fähig sind, auch das übergeordnete Ganze mit zu reflektieren, sich verantwortlich zu fühlen für funktional übergreifende Arbeitsprozesse. Deshalb die vielen „Vernetzungen" in der Organisation: In Japan sind die Abteilungen sehr viel stärker miteinander verbunden, man arbeitet ressortübergreifend zusammen, man ist integriert in immer neue Arbeitsteams. Das verhindert, daß sich Menschen auf einzelne Fähigkeiten spezialisieren. Sie werden im Gegenteil dazu angehalten, sich als Generalist zu entwickeln, sich verantwortlich für das Ganze zu fühlen und aktiv an Entscheidungsprozessen mitzuwirken.

Hommerich:
Dieses – vernetzte – Organisationsprinzip der Japaner, das in dem Buch „Die zweite Revolution in der Autoindustrie" (2) beschrieben wurde, hat in der Industrie hierzulande viel Irritation, aber auch die Bereitschaft zum Umdenken ausgelöst: Man sieht die Notwendigkeit, sich mit neuen Formen des vernetzten Denkens, der übergreifenden Verantwortung, der generalistischen Ausrichtung der Menschen auseinanderzusetzen.

Maus:
Der Taylorismus war hervorragend geeignet, um unter den geistigen Voraussetzungen des vergangenen Jahrhunderts mehr Leistungsfähigkeit, mehr Produktivität zu erreichen. Seine Achillesferse war jedoch die Sinnlosigkeit, die die Arbeiter subjektiv in ihrer Arbeit empfinden mußten. Wenn Menschen wie Maschinen betrachtet werden, die nur dazu da sind, bestimmte Handgriffe zu vollziehen, dann zieht man ihnen den Sinn für das Leben um sie herum aus dem Kopf. Genau das ist es, was sich heute, wo die Menschen geistig sehr viel anspruchsvoller geworden sind, rächt: Wer sich nicht für das Ganze verantwortlich fühlt, wer keinen Sinn mit dem, was er tut, verbindet, macht viele Fehler.

Turbulenzen

Creusen:
Deshalb ist der Kontrolleur ja auch so wichtig für das Funktionieren von Arbeitsprozessen im Sinne des Taylorismus. Die Japaner überwanden den Taylorismus im übrigen nicht durch die revolutionäre Idee, die Menschen in Entscheidungsprozesse einzubeziehen. Sie überwanden ihn, indem sie die Kontrolleure abschafften.

Was dabei aber nur zu leicht vergessen wird: Das Ganze geht auf eine Initiative des Amerikaners Edward Deming zurück, der in seiner Heimat kein Gehör fand (3). Er ermutigte die Japaner dazu, die Kontrolleure abzuschaffen. Unter dem Stichwort „Total Quality Management" begann er bereits in den 50er Jahren damit, die Arbeitsprozesse in japanischen Fabriken so umzustrukturieren, daß sich jeder Arbeiter für die Qualität der von ihm geschaffenen Produkte verantwortlich fühlte. Weil es keine Kontrolleure mehr gab, fühlte sich jeder verpflichtet, Fehler an Ort und Stelle zu vermeiden, so sorgfältig wie möglich zu arbeiten.

Und dadurch entstand ein wichtiger gruppendynamischer Prozeß: Man interessierte sich fortan nicht nur für die Qualität der eigenen Arbeit, sondern auch für die des Kollegen zur Rechten und zur Linken, schaute über den Tellerrand, fühlte sich für das Ganze verantwortlich, sah wieder einen Sinn in der eigenen Arbeit. Ein Prozeß, der der Teamarbeit sehr entgegenkam.

Hommerich:
Was muß man hierzulande tun, um die Erbschaft des Taylorismus in den Unternehmen abzuschaffen?

Creusen:
Es genügt nicht, sich von Stellenbeschreibungen und Organigrammen zu verabschieden, statt dessen Teamarbeit, ressortübergreifende Projektarbeit einzuführen und die Hierarchien zu verflachen. Man muß sich auch – und hierbei sind die Gewerk-

Das Erbe des Taylorismus

schaften besonders gefordert – von den altehrwürdigen Zöpfen der tariflichen Eingruppierung von Mitarbeitern verabschieden. Das sind doch Regelungen aus einer Zeit, in der man in Kolonnen-Kategorien dachte. Genauso ist es mit der tariflichen Regelung der Arbeitszeit. Wenn die Arbeitszeit von Menschen festgelegt wird, die den Tag über immer den gleichen Bewegungsablauf vollziehen, dann mag das ja angehen. Wie sieht es aber bei denen aus, die eine innovative Tätigkeit verrichten? Die eine Sekunde, in der eine Idee geboren wird, ist doch viel mehr wert als die hundert Stunden oder die zehn Wochen, in denen intensiv – jedoch ohne Erfolg – gearbeitet wird.

Heute ist die Organisation der Arbeit in den Unternehmen von solchen Überlegungen noch unberührt. In jedem Arbeitsvertrag steht ganz selbstverständlich: Er/sie arbeitet soundsoviel Stunden in der Woche.

Hommerich:
Gilt das, was Sie sagen, auch für außertarifliche Angestellte?

Creusen:
In deren Arbeitsvertrag steht das nicht. Aber einfach deshalb, weil es so selbstverständlich ist, dieses Maß nicht zu unterschreiten. Das Denken ist doch so verinnerlicht, daß niemand auf die Idee käme, z. B. jemanden in der Werbeabteilung, der um 9.00 Uhr morgens eine hervorragende Idee gehabt hat, um 9.10 Uhr nach Hause gehen zu lassen. Dieser Mensch muß noch bis 17.00 Uhr an seinem Arbeitsplatz ausharren, weil sein Vertrag das vorsieht und er nur so sein Gehalt bekommt.

Hommerich:
Sehen Sie Unterschiede zwischen Handel und Industrie, was die Organisation der Arbeit anbelangt?

Creusen:
Der Taylorismus entwickelte sich natürlich zunächst einmal in der Industrie. Aber auch im Handel – besonders im SB-Be-

reich – fand er schnell Einzug. Denn da war ja keine Beratungsfunktion gefragt. Die Mitarbeiter waren nur dazu da, Regale aufzufüllen, die Ware auszuzeichnen. Weil sie in erster Linie logistische Funktion hatten, konnte man ihre Arbeit quantifizieren. Ähnlich im Büro- und Verwaltungsbereich. Und auch dort geht man immer noch davon aus, daß sich Arbeitsleistungen quantifizieren lassen. Der Geist des Taylorismus ist eben sehr stark verinnerlicht worden.

Hommerich:
Auch das Denken, daß man die Arbeitsleistung von Menschen kontrollieren muß?

Maus:
Ja, Kontrolle spielt noch immer die zentrale Rolle, und zwar im Sinne einer Fremdkontrolle. Ich bin davon überzeugt, daß Menschen in erster Linie um eine Führungsposition kämpfen, um sich von den Kontrollen freizumachen. Denn je verantwortungsvoller eine Führungsfunktion ist, umso weniger kontrollierbar ist sie.

Und wenn die Menschen dann dort sind, wo sie selbst von Kontrollen weitgehend befreit sind – wenn sie diese Ochsentour also hinter sich gebracht haben – wachen sie umso stärker darüber, andere kontrollieren zu dürfen. Die Kontrollbefugnis wird dann zum Besitz-Stand: Das fängt schon bei der Fachverkäuferin an, die in der Hierarchie hochrückt und der allmählich 25 Mitarbeiterinnen und Mitarbeiter „unterstellt" werden.

Wenn eine wesentliche Funktion dieser Vorgesetzten darin bestand, die Arbeitszeit ihrer 25 Mitarbeiter festzusetzen, wird sie die größten Vorbehalte äußern, wenn die Arbeitszeiten plötzlich von den Betroffenen selbst abgesprochen werden sollen im Sinne flexibler Arbeitszeitgestaltung. Wer seine Arbeitsleistung darüber definiert, „schieben" zu dürfen, wird sich mit Händen und Füßen dagegen wehren, selbst wieder „ge-

Das Erbe des Taylorismus

Wer seine Arbeitsleistung darüber definiert, „schieben" zu dürfen, wird sich mit Händen und Füßen dagegen wehren, selbst wieder „geschoben" zu werden.

Turbulenzen

schoben" zu werden. Das würde Machtverzicht bedeuten! Neue Formen der Arbeitsorganisation scheitern doch nicht an Sachzwängen, sondern am emotionalen Beharrenwollen an Zuständen, die dem eigenen Ego schmeicheln!

Hommerich:
Und diejenigen, die kontrolliert werden? Fühlen sie sich heute noch so, wie sich die Arbeiter bei Bata gefühlt haben müssen? In den meisten Unternehmen herrscht doch ein ganz gutes Klima: Der Ton ist locker, oft sogar flapsig.

Creusen:
Vielleicht ist das so eine Art Zynismus, wie man dem bürokratischen Reglement entflieht: Man geht besonders gut und freundschaftlich mit seinen Kollegen um, weil man sich insgesamt ohnmächtig fühlt.

Hommerich:
Wir sollten das Geld als Motivationsfaktor dabei auch nicht unterschätzen. Wer in einem straff bürokratisch organisierten Großunternehmen tätig ist, verdient soviel, wie er in kaum einem anderen Unternehmen bekommen könnte. Das wird die Menschen nicht dazu motivieren, ihr Bestes zu geben, aber es wird sie mit Sicherheit motivieren, die Dinge zumindest gut laufen zu lassen.

Creusen:
Ein anderer Motivationsfaktor ist auch die Sicherheit. Wer in großen Unternehmen tätig ist, kann zumindest auf eine relative Sicherheit zählen. Auch wenn er mit seiner Arbeit nichts Wesentliches verändern kann, nicht innovativ sein kann. Denken Sie doch nur an die Chemie. Dort werden keine neuen Chemiker eingestellt, weil die Unternehmen meistenteils einen Einstellungsstop praktizieren. Jeder, der den Arbeitsplatz verläßt, hat kaum eine Chance mehr, in einem anderen Unternehmen wieder einzusteigen.

Das Erbe des Taylorismus

Hommerich:
Der Faktor Sicherheit ist in der Wertigkeit bestimmt nicht zu unterschätzen. Warum gehen denn sonst qualifizierte Leute in die öffentliche Verwaltung, wenn nicht wegen der Sicherheit? Viel Geld ist dort nicht zu verdienen. Die Freiheiten sind noch rarer gesät als in der Industrie oder in Handelsunternehmen. Aber die sichere Pension, die Tatsache, daß man unkündbar ist, entschädigt eben dafür, daß man kaum Freiheiten hat.

Creusen:
Es ist nicht nur die Sicherheit des Arbeitsplatzes, die für das starre bürokratische Reglement entschädigt. Es ist auch die Verhaltenssicherheit, die jede straff funktionalisierte Organisation den Menschen bietet. Da weiß man genau, was vom Einzelnen erwartet wird, und in der Regel gibt es keine Überraschungen. Es ist doch nicht umsonst so schwer, Organisationen zu wandeln: Die Menschen haben ein geradezu „natürliches" Bedürfnis, sich unter klar definierten Rahmenbedingungen zu bewegen. Denn jeder Wandel kann weh tun.

Turbulenzen

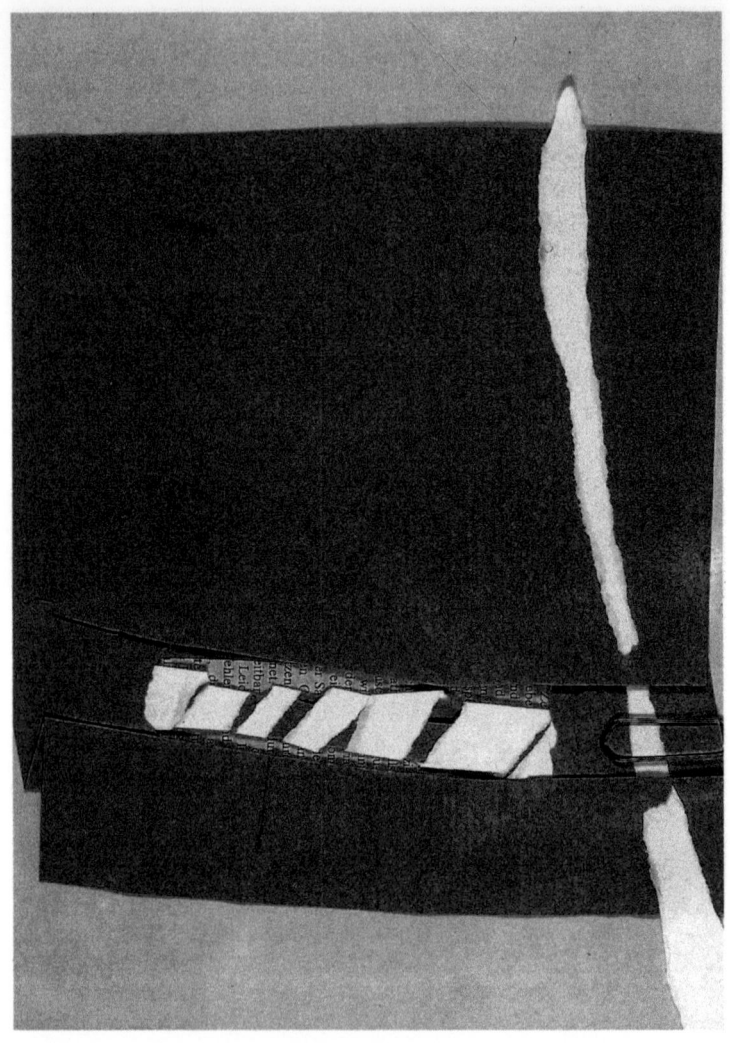

Ich lasse mich nicht gern von Grenzen einengen – ich überschreite sie lieber

Grenzüberschreitungen: Warum der Taylorismus an sein Ende kommen muß

Ich lasse mich nicht gern von Grenzen einengen, ich überschreite sie lieber!
(Yehudi Menuhin)

Hommerich:
Kommen die vielen bürokratischen Regelungen in den Unternehmen, die Nachfahren des tayloristischen Denkens, nicht schon dadurch an ihr Ende, daß die Menschen insgesamt dem Sicherheitsstreben nicht mehr so huldigen wie ihre Eltern und Großeltern? Heute ist man doch generell viel wohlstands- und sicherheitsgesättigter...

Creusen:
Natürlich sind die Grundbedürfnisse in unserer Gesellschaft befriedigt. Jeder hat genügend zu essen, hat ein Bett und ein Dach über dem Kopf. In einer solchen Situation ist es nur folgerichtig, daß man mehr Wert auf das legt, was man gemeinhin unter dem Stichwort „Selbstverwirklichung" beschreibt: Man wünscht sich mehr persönlichen Spielraum, mehr Kreativität, mehr gute Kooperationsbeziehungen mit anderen Menschen. Das setzt die Unternehmen schon unter einen gewissen Handlungsdruck.

Hommerich:
Im Hinblick auf die angehenden Führungskräfte wird dieser Druck, die internen Grenzen zu öffnen, sicher noch größer. Eine repräsentative Erhebung unter Hochschulabsolventen, die nach ihren Arbeitsplatzvorlieben gefragt wurden, kommt zu dem Ergebnis, daß das Bedürfnis nach Selbstverantwortung, nach Autonomie, nach Gestaltungsfreiheit, nach Eigeninitiati-

Turbulenzen

ve in der Wertehierarchie an erster Stelle steht. Die Bedürfnisse nach einem sicheren Einkommen, nach der Sicherheit des Arbeitsplatzes werden dabei eher in den Hintergrund gedrängt (4).

Dieses Phänomen findet man bei Studenten natürlich ausgeprägter als bei Menschen, die zum Beispiel eine Sachbearbeiterposition anstreben. Aber es ist doch insgesamt ein Trend in dieser Gesellschaft, daß wir uns alle – wenn man das Bild der Bedürfnispyramide von Maslow zugrunde legt – auf die fünfte Stufe der Pyramide hinbewegen. Daß uns die Bedürfnisse nach Selbstentfaltung all unserer Talente und Fähigkeiten immer mehr am Herzen liegen. Damit werden doch zwangsläufig Grenzen gesprengt!

Maus:
Wenn man Organisationen wie „geschlossene Systeme" managen will – und die Management-Theorien der 50er und 60er-Jahre legten das ja nahe – wird man Schiffbruch erleiden. Heute mehr denn je. Aber auch schon vor Jahren führten Versuche dieser Art ins Desaster. Man denke nur an den Vietnamkrieg. Der größte Fehler, den die damals Verantwortlichen – Präsident Kennedy, Verteidigungsminister Mc Namara, General Westmoreland, allesamt hochintelligente Menschen – machten, bestand darin, diesen Krieg im Sinne eines „geschlossenen Systems" zu führen. Natürlich wußte man alles über Strategie und Taktik und hatte alle wichtigen Informationen verfügbar.

Nur einen Faktor hatte man absolut unterschätzt: die Motivationslage der Soldaten. Die haben sich nämlich von Beginn an die Frage gestellt: „Was haben wir eigentlich in Vietnam zu suchen?" Die Menschen funktionierten eben nicht wie Maschinen, und sie funktionieren heute weniger als jemals zuvor in diesem Sinne, weil sie andere Bedürfnisse haben, sich vor allem auch die Frage nach dem Sinn ihres Lebens und ihrer Arbeit stellen. Und wenn die Unternehmen eine Antwort darauf verweigern, werden sie die besten Leute verlieren.

Grenzüberschreitungen

Hommerich:
Ähnlich verhält es sich auf der Konsumentenseite. In den Zeiten, als Henry Ford seine Tin Lizzy als ein Auto schuf, das sich jeder Amerikaner leisten konnte, zog beim Verbraucher nichts anderes als der erschwingliche Preis.

Heute gibt es nicht mehr „den" Konsumenten, sondern nur eine unüberschaubare Vielzahl von Konsumentengruppen, deren Konsumverhalten unberechenbar, sprunghaft geworden ist. Auch die Kulturen, die Wertvorstellungen, in denen sich die Konsumenten bewegen, sind nicht mehr faßbar: Wer heute in einem Yuppie-Umfeld lebt, kann ohne weiteres auch ökologische Standards an sein Kaufverhalten anlegen. Wer sich heute der Askese verschreibt, ist vielleicht morgen wieder bereit, zu prassen. Diese Sprunghaftigkeit und Uneinheitlichkeit der Bedürfnisse, die sich allein bei einem einzigen Kunden zu erkennen gibt, fegt das sichere Fundament für Marketingentscheidungen schlichtweg fort. Deshalb kann es doch nur darum gehen, die Turbulenzen der Märkte frühzeitig zu erkennen und flexibel darauf zu antworten.

Creusen:
Wenn es zur Zeit der ersten industriellen Revolution darum ging, Grenzen aufzubauen, um einen sicheren inneren Ablauf und hohe Produktivität zu erreichen, dann kann die Strategie heute nur sein, die Grenzen wieder zu öffnen. Und wenn man Grenzen öffnet, braucht man Botschafter, die eine Vermittlerfunktion zwischen dem Innen und dem Außen übernehmen. Wenn diese Botschafter all die Turbulenzen der Märkte registrieren und die entsprechenden Informationen nach innen tragen, dann kommen automatisch in die Organisation auch Unsicherheiten. Unsicherheiten als Druck, sich den Veränderungen der Märkte anzupassen. In diesem Sinne hat es der Shell AG an Botschaftern gefehlt, die die Reaktionen der Kunden auf die geplante Versenkung der Bohrinsel Brent Spar wahrnahmen und sie dem Management als Entscheidungsgrundlage darlegten. Es fehlte die praktizierte Kundenorientierung.

Turbulenzen

Maus:
Diese Kundenorientierung wird heute immer stärker zum Überlebensfaktor. Man rechne nur einmal hoch, welcher „Lebens-Umsatz" pro Konsument einem Unternehmen verlorengeht, wenn der Kunde zur Konkurrenz überwechselt. Das ist kürzlich im Rahmen des Deutschen Kundenbarometers (5) hochgerechnet worden: Bei den Bau- und Heimwerkermärkten sind es im Schnitt 70000 DM Lebensumsatz, die verlorengehen.

Und daß ein Kunde „mit den Füßen abstimmt", geht sehr schnell. Wie oft haben Sie selbst schon ein Geschäft nicht mehr betreten, weil man unfreundlich oder wenig hilfsbereit mit Ihnen umgegangen ist? Wir leiden in Deutschland doch generell an der Krankheit des Nicht-Dienen-Wollens.

Dabei ist der Weg in die Dienstleistungsgesellschaft in Deutschland volkswirtschaftlich unbestritten: Allein 1993 gingen vom Bruttoinlands-Produkt in Höhe von ca. 2800 Mrd. DM mehr als 1560 Mrd. DM in den privaten Verbrauch. Und davon wurde wiederum ca. die Hälfte als Umsatz über die Kassen des Einzelhandels abgewickelt. Das ist doch gigantisch! Aber obwohl der Dienstleistungsbereich als Wirtschaftsfaktor das produzierende Gewerbe schon längst überholt hat, hinkt die Mentalität der Deutschen dem wirtschaftlichen Strukturwandel wie ein „cultural lag" nach. Daß man nur verdient, wenn man „dient", wird hierzulande noch verdrängt.

Was in Amerika oder in Japan als Dienst am Kunden höchste soziale Anerkennung erfährt, fristet in Deutschland ein Schattendasein. Warum? Weil mit dem „Dienen" die Bilder von Herrschaft und Knechtschaft so untrennbar verwoben sind – von Armut und Unrecht auf der einen Seite, von sozialen und wirtschaftlichen Privilegien auf der anderen? Weil mit dem „Dienen" die Bilder von Klassengesellschaften aufdämmern, die man hierzulande – anders als in anderen Kulturen der Erde – glaubt, hinter sich gelassen zu haben?

Grenzüberschreitungen

Wer „dient", macht sich die Hände schmutzig. Wer Autos montiert, noch lange nicht. Die Konsequenz: Besonders die Jungen, gut Ausgebildeten, schrecken davor zurück, einen Beruf zu wählen, in dem sie anderen Menschen – im klassischen Sinn des Wortes – „dienen". Wen wundert es also, daß sich die Kunden in Deutschland nicht gut genug bedient fühlen? Und wen wundert es, daß sie nicht mehr bereit sind, das zu akzeptieren? Warum auch? Schließlich gibt es genug Alternativen auf dem Markt. Und nur derjenige Anbieter wird die Gunst der Kunden erringen, der auf ihre Bedürfnisse eingeht, der den Kunden zeigt, daß sie mit all ihren Wünschen willkommen sind. Nur derjenige wird im Wettbewerb erfolgreich sein, der seinen Kunden vorlebt, daß er gerne „dient".

Hommerich:
Um auf die Bedürfnisse einzugehen, muß man sie erst einmal kennen. Mit Sicherheit macht man im Marketing einen riesigen Fehler, wenn man „vom grünen Tisch" aus Bedürfnisse von Konsumenten definiert, statt die Betroffenen selbst nach ihren Wünschen zu fragen. Was dabei blüht, sind die Geschäfte der Unternehmensberater: Deren Rat wird umso intensiver nachgefragt, je größer die Unternehmen sind, je uneinheitlicher sich die Bedürfnisse ihrer Kunden darstellen und je mehr Angst die verantwortlichen Führungskräfte davor haben, falsche Marketingentscheidungen zu treffen, die sie möglicherweise ihre Stelle kosten könnten.

Hier ist man allenthalben noch viel zu autoritätsgläubig: Dem externen Berater traut man zu, Marketingstrategien für die Zukunft zu entwerfen, nicht aber den Kunden, die es doch viel besser wissen müßten, weil sie tagtäglich ihre Kaufentscheidungen treffen. In den Unternehmen hat man noch nicht begriffen, daß der Kunde selbst der beste Unternehmensberater ist.

Maus:
Auch uns fiel diese Erkenntnis nicht ganz leicht. Man ist doch so darauf fixiert, externe Hilfe in Anspruch zu nehmen, daß

Turbulenzen

man gar nicht daran denkt, mit den Kunden gemeinsam darüber nachzudenken, wie es weitergehen soll. Aber nachdem wir Ende der 80er Jahre zum ersten Mal im Rahmen einer Image-Untersuchung mit unseren Kunden „Kreativ-Workshops" veranstaltet haben, in denen es darum ging, den sogenannten Freizeitmarkt der Zukunft zu entwerfen, hat die Organisation einen gewaltigen Sprung nach vorne gemacht.

Hommerich:
Was war der Auslöser für die Entscheidung, die Kunden selbst in die Entwicklung neuer Marketingstrategien einzubeziehen?

Maus:
Uns hat damals eine Hiobsbotschaft wachgerüttelt. Die hieß: Alles ist „Einheitsbrei". Kein Anbieter in der Baumarkt-Szene hat es bisher geschafft, ein unverwechselbares Profil aufzubauen. Das war eine ganz wichtige Botschaft, die die Image-Analyse ans Tageslicht brachte. Eine Botschaft, die zum Handeln zwang.

Aber was sollten wir tun? Sollten wir noch einmal in das Arsenal der klassichen Marktforschung hineingreifen und uns in den sterilen Frage- und Antwortspielen ergehen, wie sie am Telefon oder weit ab von der Einkaufsstätte gepflegt werden? In Frage- und Antwortspielen, die immer nur die schon gemachten Erfahrungen der Menschen auf den Begriff bringen, nicht aber beleuchten können, wie sich die Menschen die Zukunft vorstellen? Oder sollten wir Externe „vom grünen Tisch" definieren lassen, was sich unsere Kunden von ihrem Freizeitmarkt der Zukunft wünschen? Beides versprach nicht den gewollten Erfolg. Deshalb haben wir ein Experiment gestartet, indem wir mit unterschiedlichen Zielgruppen – unter anderem mit ökologisch interessierten Jugendlichen, mit Frauen oder mit Senioren – darüber diskutiert haben, was ihnen gefällt oder mißfällt in unseren Märkten und welche Produkte und Dienstleistungen ein Markt anbieten sollte, der sie zu

Stammkunden macht. „Rollentausch im Marketing" so haben wir das Experiment genannt, das die Kunden zwei Samstage lang in die Position des Personalchefs, des Merchandising-Beauftragten, des Werbeleiters u.s.w. schlüpfen ließ.

Und gleichgültig, mit welchen Gruppen von Kunden wir diskutierten – ihr Rat war einheitlich: „Profiliert Euch als Lern-Shop, als Ideen-Börse, als Animations-Geschäft!" Das heißt: Die Kunden wünschen sich einen Markt, in dem sie konkret lernen können, wie man's macht: wie man z.B. mit Holz arbeitet, auf Seide malt oder einen Gartenteich anlegt. Sie wünschen sich einen Markt, der schön gestaltet ist, zum Selbermachen verlockt, der eigenen Kreativität auf die Sprünge hilft. Wie drückte es ein Teilnehmer aus? „Versucht nicht so sehr, die Ware zu verkaufen, sondern verkauft das Hobby. Verkauft Ideen, seid selbst kreativ, dann verkauft sich die Ware ganz von selbst."

Hommerich:
Das war Ende der 80er Jahre. Wie haben Sie die Ergebnisse der Workshops umgesetzt?

Maus:
Wir haben ein ganz neues „Produkt über den Produkten" geschaffen – einen ganzen Strauß von Ideen zur kreativen Freizeitgestaltung, **mit dem wir in der Branche** Neuland betraten. Ein Kundenmagazin zum Beispiel, einen Katalog aller Produkte – inclusive Anleitungen für ihre Verwendung – ein Service-Telefon, das den Kunden auch am Wochenende und am Feierabend mit Rat und Tat zur Seite steht. Vor allem aber ein umfangreiches Kurs-Angebot in den Märkten.

In diesem Jahr werden wir zum ersten Mal bundesweit eine „Heimwerker-Olympiade" veranstalten. In allen 300 Märkten werden dann 10 000 Kurse angeboten, die die Kunden zu „olympischen Spitzenleistungen" beim Do-it-yourself befähigen sollen.

Turbulenzen

Wir haben – durch die Diskussion mit unseren Kunden – gelernt, daß wir als Anbieter langfristig nur eine Chance haben, wenn wir uns zum Lifestyle-Partner unserer Kunden entwickeln. Wenn wir ihnen über die „Ware pur" einen Zusatznutzen anbieten, ihre Selbstentfaltung anregen, sie emotional verwöhnen und uns auch nicht scheuen, soziale und kulturelle Fragen zu unseren eigenen zu machen.

Deshalb ist es auch so wichtig, in regelmäßigen Abständen das Gespräch mit den Kunden zu suchen. Das geschieht in sogenannten Kunden-Foren, die in den einzelnen Märkten veranstaltet werden. Hier lassen sich die Marktleiter einen Tag lang kritisches Feed-back darüber geben, was gut und weniger gut läuft in ihren Geschäften. Da wird unglaublich viel gelernt von den Verantwortlichen. Aber selbst wenn sie nichts lernten, gäbe es keine bessere Form, um Kunden zu binden. Denn nichts motiviert Menschen so sehr, schafft so viel Motivation wie das ernsthafte Angebot, als Gesprächspartner und Berater ernst genommen zu werden.

Creusen:
Durch die Workshops mit den Kunden ist enorm vieles umgestülpt worden in unserem Unternehmen. Daran kann man wieder exemplarisch sehen, daß Organisationsentwickung immer durch den Wandel im Umfeld der Organisationen initiiert wird.

Maus:
Ein anderes Beispiel dazu: Die Diskussion um „Total Quality Management". Auch TQM dient letztlich der Kundenorientierung. Und wer sich – mit allen Konsequenzen – darauf einläßt, TQM im Unternehmen zu verankern, läßt sich zwangsläufig auf einen immensen internen Umstrukturierungsprozeß ein. Natürlich gibt es da auch jede Menge Halbherzigkeiten von Seiten der Unternehmen, denen es primär um ein Qualitäts-Zertifikat nach DIN ISO geht.

Creusen:
Ich denke, daß die meisten Unternehmen den Erhalt des Zertifikats dem tatsächlich stattfindenden internen Umstrukturierungsprozeß vorziehen.

Maus:
Ja, aber dabei berauben sie sich der Chance des Wandels. Denn Qualitätsmanagement beginnt erst da, wo sich jeder einzelne Mitarbeiter für die Qualität seiner Arbeit selbst verantwortlich fühlt, wo er selbst die Ziele seiner Arbeit definiert und sich immer wieder daran mißt. Qualitätsmanagement führt in der Konsequenz zu einem Abbau der Hierarchien, zu einer Veränderung der Vorgesetztenfunktion, weil es ernst macht mit der „Ermächtigung" von Mitarbeitern. Davor schreckt man in den meisten Unternehmen aber zurück.

Wir haben uns hier in unserer Organisation bewußt auf den Prozeß der Organisationsentwicklung eingestellt, der mit der Qualitätsanalyse verbunden ist. Das Zertifikat war dabei lediglich „Abfallprodukt". Natürlich ist es gut, wenn man als erstes Unternehmen der Branche ein solches Zertifikat bekommt. Aber wesentlich war es für uns, Bewegung ins Unternehmen zu bringen, die Menschen noch stärker zu sensibilisieren für die Qualität ihrer Arbeit nach dem Motto: „Messen schafft Veränderung".

Creusen:
Der Druck zur Veränderung im Inneren wächst natürlich auch in dem Maße, wie das Unternehmen expandiert. Wer zum Beispiel wie wir nicht nur in Deutschland, sondern auch in Italien, Österreich, Tschechien, Ungarn und Polen tätig ist, spürt die Anforderungen ganz hautnah, die die neuen Märkte aufwerfen. Und dieses Phänomen trifft immer mehr Unternehmen: Die Märkte haben ihre nationalen Grenzen gesprengt; die Unternehmen – vor allem die großen – agieren im globalen Kontext. Und so wie sich die Grenzen der Märkte geöffnet haben, so öffnen die Unternehmen ihre Grenzen durch Fusionen, Joint-Ventures und andere Formen der Kooperation.

Turbulenzen

Hommerich:
Auch die Grenze zwischen Wirtschaft auf der einen Seite und Gesellschaft auf der anderen kann nur durchlässiger werden. In Amerika hat in jüngster Zeit ein Buch Furore gemacht, das die Kaufentscheidung von Konsumenten unter die Lupe nahm (6). Das Fazit der Untersuchung: Wichtig für den Kunden ist nicht so sehr die Qualität des Produktes oder sein Preis. Wichtig ist, in welchem gesellschaftspolitischen Umfeld das Unternehmen angesiedelt ist. Ob es seiner gesellschaftspolitischen Verpflichtung z. B. in der Form nachkommt, daß es Frauen in Führungspositionen beschäftigt, daß es Farbige unter den Mitarbeitern hat, daß es ökologische Gesichtspunkte berücksichtigt.

Maus:
Aus der Gesellschaft heraus werden Anforderungen an die Unternehmen herangetragen, die vor 20 oder 30 Jahren noch vollkommen undenkbar waren. Da wirtschaftete man in einem klar abgegrenzten Umfeld. Mittlerweile ist der Konsument jedoch so emanzipiert, daß er nicht nur die Produkte haben will. Er erwartet auch einen Sinn um die Produkte herum. Deshalb unterstützt er die Unternehmen durch seinen Konsum, die ihm diese Sinndimension eröffnen, die für sein eigenes Leben wichtig ist.

Für die Marketingentscheidungen der Unternehmen wird es in Zukunft eine viel größere Rolle spielen, sich stärker für einzelne Szenen, für die Kulturen dieser Szenen zu engagieren und nicht nur das Produkt in den Vordergrund zu stellen. Man wird statt dessen sehr viel mehr Sinnbotschaften an die Konsumenten herantragen müssen und sehr viel mehr Angebote zum Dialog mit einzelnen Kundengruppen machen müssen.

Creusen:
Der Dialog ermöglicht ja erst die Flexibilität, die Anpassungsfähigkeit. Da kann man ganz konkret vom Kunden lernen, was er eigentlich will. Schauen Sie sich nur das Beispiel von IBM an. IBM wollte in allen Bereichen des EDV-Markts beherrschend

sein. IBM ist geschlagen worden von ganz kleinen, hochflexiblen, sehr anpassungsfähigen Unternehmen, die von vornherein darauf verzichtet haben, in allen Bereichen mit IBM zu konkurrieren. Diese Unternehmen haben sich auf ganz bestimmte Marktsegmente aus dem Kuchen von IBM konzentriert. In diesem Marktsegment waren sie besser, weil sie serviceorientierter, schneller und anpassungsfähiger agierten. Zunächst ist IBM damit ein kleiner Kuchen weggenommen worden, später wurden es immer mehr kleine Kuchen, auf die sich andere Unternehmen stürzten. Inzwischen gibt es viele kleine schnelle Haie, die dem großen Fisch das Futter wegschnappen.

Hommerich:
David schlägt Goliath, weil David – bewaffnet nur mit einer Steinschleuder – die kreative, pfiffige Taktik anwendet und Goliath, der Riese, in seiner Eisenrüstung viel zu starr ist, um der neuen Attacke gewachsen zu sein?

Maus:
Es ist fast ein wirtschaftliches Gesetz, daß die Kleinen sehr effizient und flexibel anfangen, wachsen und irgendwann Konkurrenten bekommen, die wiederum kleiner sind als sie selbst und sie übertrumpfen. Dieser Gesetzmäßigkeit können sich die großen Organisationen nur entziehen, indem sie Organisationsformen schaffen, mit denen sie sich flexibel und offen Kundennähe erhalten.

Das Franchising ist als Organisationsprinzip hierbei geradezu ideal. Denn es verbindet die kleinen autonomen Einheiten unter einem gemeinsamen Dach, das die Dienstleistungen für alle erbringt. Und es lebt von der Eigeninitiative der Partner – davon, daß sie ihr Ohr an der Basis des wirtschaftlichen Geschehens halten und – im Interesse der Kundenorientierung – direkt auf neue Trends in ihrem Unternehmen antworten.

Hommerich:
Nun ist Franchising nicht gleich Franchising. Denken Sie an

Turbulenzen

Mc Donalds: ein straff zentralistisch aufgebautes Unternehmen, das zwar auf der wirtschaftlichen Selbständigkeit der Partner basiert, diesen aber wenig Spielraum in der Ausgestaltung ihrer Geschäftspolitik läßt. Bei Mc Donalds steht fest, daß der Hamburger in Hongkong genauso wie der in Köln zu schmecken hat. Und auch die Mitarbeiter – fast alles angelernte Kräfte – sind auf die Verrichtung weniger Handgriffe reduziert. Wo bleibt da der Gestaltungsspielraum für die Menschen?

Creusen:
Vielleicht ist das in diesem Fall fast so eine Art Etikettenschwindel. Der Unternehmer ist Finanzier und Organisator seiner Geschäfte – die eigentliche Geschäftspolitik aber wird straff zentralistisch, fast wie in einem Filialsystem, geregelt.

Auf der anderen Seite ist es genauso gut denkbar, daß in einem Filialsystem ein hohes Maß an Gestaltungsfreiheit delegiert wird. Das alles ist eine Frage der Organisation und der Kultur: Man fördert entweder den unternehmerischen Geist der Menschen und qualifiziert sie entsprechend – oder man schränkt den unternehmerischen Geist ein.

Maus:
In unserer Franchise-Organisation ist der unternehmerische Geist der Menschen immer schon gefördert worden. Wir sind in der Branche doch dafür bekannt, daß Fachverkäufer bei uns einen Freiraum ausschöpfen, wie ihn anderenorts nicht einmal der Marktleiter besitzt. Wir machen Ernst damit, wenn wir sagen, daß Betroffene zu Beteiligten werden, indem wir z. B. Ziele mit ihnen vereinbaren, statt sie vorzugeben. Und wenn diese Diskussionen noch so viel Zeit erfordern – die Menschen fühlen sich integriert, sind motiviert, identifizieren sich mit den gemeinsamen Beschlüssen.

Vor 25 Jahren wurden Führungsphilosophien, die darauf zielten, Initiative und Eigenverantwortung in den Menschen wach-

Grenzüberschreitungen

sen zu lassen, belächelt. Heute geht es nicht mehr nur um Philosophien – es geht vielmehr um gelebte (!) Unternehmenskulturen. Um solche, die die Menschen ermächtigen, sich mit all ihren Kräften initiativ einzubringen, eigenverantwortlich und schnell auf die Veränderungen der Märkte zu reagieren, ohne sich vorher absichern zu müssen.

Gerade heute brauchen wir Menschen, die den Wandel erspüren, sich flexibel in ihn einfühlen und mutig handeln. Stellenbeschreibungen, die Kompetenzen bandagieren, Verantwortungen kanalisieren, Nicht-Zuständigkeiten provozieren, mit einem Wort: Unmündigkeit festschreiben, sind da kontraproduktiv. Jürgen Fuchs sagte es kürzlich in einem Kommentar in der FAZ so treffend: „Die traditionellen Organisationsmuster mit Richtlinien, die alle ausrichten und abrichten, damit ja keiner etwas anrichtet und ausrichtet, mit festen Stellen und starren „Fließbändern" – auch im Büro-, fördern die Leibeigenschaft am Arbeitsplatz" (7).

Ebenso fördern Vorgesetzte, die – legitimiert durch Stellenbeschreibungen – über Kompetenzausweitungen und Grenzüberschreitungen ihrer Mitarbeiter wachen, die Unmündigkeit. Die Märkte von heute erfordern aber nun einmal mündige Mitarbeiter. Und mündige Mitarbeiter arbeiten dort, wo sie ihre gesamte Kompetenz und Freiheit ausleben können. Eine Heimat finden die Besten von ihnen nur in den Unternehmen, in denen Ressortegoismen, Machtansprüche, Geltungsgehabe – die Begleiter des Besitz-Stands-Denkens – ihre Wurzeln verloren haben.

Creusen:
Ich bin davon überzeugt, daß nur die Unternehmen, die durch eine gelebte Unternehmenskultur geprägt sind, wie Sie sie gerade beschreiben, langfristig Erfolg haben werden. Daß die Kultur unserer Organisation einen Wettbewerbsvorteil darstellt, erlebe ich immer wieder – vor allem bei der Einstellung von Führungskräften. Man kommt nicht zuletzt deshalb zu uns,

Turbulenzen

weil man weiß, daß man sich hier entfalten kann. Da kann der Wettbewerb noch so viel zahlen: Freiheit und Eigenverantwortung sind für die Menschen unbezahlbar!

Besitz-Stände:
Warum die „lernende Organisation" so schwer aus den Kinderschuhen herauswächst

Hommerich:
Wenn jemand ein Unternehmen gründet, ist er in der Anfangsphase meist das „Mädchen für alles". Wird der Manager klassischer Prägung in diese Rolle schlüpfen wollen? Wird er sich z. B. an den PC setzen und einen Brief formulieren? In Bürokratien oder in Verbänden ist dies immer so schön zu beobachten: Jede Führungskraft hat eine Sekretärin. Das ist viel mehr ein Statussymbol als eine Notwendigkeit. Was würde denn passieren, wenn Sie im Unternehmen bestimmte Arbeitsbereiche umstrukturierten und einem Manager Ihres Hauses sagten: „Herr Meier, ab heute sind Sie auch dafür verantwortlich, Ihre Briefe selbst herauszugeben."

Creusen:
Das hätte phantastische Folgen. Denn dann würden automatisch viel weniger und viel kürzere Briefe geschrieben. Dann würde man das Problem eher mit einem Telefonat vom Tisch bekommen. Die Arbeitsabläufe würden flexibler und einfacher. Die übertriebenen und überzogenen Spezialisierungen sind doch einfach kontraproduktiv: Für jede Tätigkeit gibt es einen Spezialisten, nur der darf sie ausführen; und er achtet sensibel darauf, daß niemand außer ihm diese Aufgabe übernimmt. Wenn man dieses Prinzip aufhöbe, könnte man einen enormen Produktivitätsschub erreichen.

Hommerich:
Natürlich muß man dann auch die Kosten im Auge behalten. Manager werden immerhin dafür bezahlt, daß sie qualifizier-

te Arbeit leisten und nicht dafür, daß sie den Posteingang selbst durchs Haus tragen.

Creusen:
Aber was ist eine qualifizierte Tätigkeit? Ist es nicht viel qualifizierter, sehr effizient Prioritäten zu beachten, statt darauf zu achten, daß die Sekretärin ausgelastet ist oder daß die Spezialisten etwas zu tun haben?

Natürlich kann es nicht darum gehen, daß Führungskräfte ihre Briefumschläge selbst zukleben. Aber gerade dann, wenn es um Kommunikation und Entscheidungsabläufe geht, sollten sich Führungskräfte dringend angewöhnen, ganzheitlicher zu denken und zu arbeiten und auch Aufgaben zu übernehmen, die sie lange nicht beachtet haben. Das würde im übrigen auch die Kundennähe der Manager steigern.

Hommerich:
Wenn Sie einem Hochschulabsolventen die Aufgabe geben, auch das Sekretariat in eigener Regie zu führen, dann wird das ohne weiteres funktionieren, weil der Hochschulabsolvent es nicht anders kennt. Dagegen bricht mit Sicherheit eine Palastrevolution aus, wenn einem etablierten Manager eine solche Arbeitsausweitung zugemutet würde.

Maus:
Das ist genau unser Problem, wenn es um den Wandel von Organisationen geht: Das Anspruchsdenken steht diesem Wandel entgegen. Aber das ist nicht nur ein Problem von Organisationen. Wo Sie auch hinschauen im gesellschaftlichen Miteinander: Die Menschen wollen nicht runter von ihren Pfründen! Gerade in Deutschland, wo man sich eines kaum vergleichbaren Wohlstands erfreut, wird unglaublich viel geklagt. Es kommt mir oft vor, als seien wir in Europa das Land, in dem die größte Zukunftsangst herrscht. Angst, das zu verlieren, was man mühsam errungen hat – und nun mit Zähnen und Klauen als Besitz-Stand verteidigt. Da wundert es nicht,

Besitz-Stände

daß dieses Denken auch – oder gerade – in Unternehmen und Organisationen fröhliche Urständ feiert...

Hommerich:
Dann steckt das Problem der Organisationsentwicklung in erster Linie im Besitz-Stands-Denken? Meinen Sie auch, Herr Creusen, daß die Menschen mit ihren Prestigebedürfnissen, ihrer Anspruchshaltung den Wandel von Organisationen torpedieren?

Creusen:
Ja, das ist ein ganz wichtiger Aspekt! Ein anderer Aspekt besteht darin, daß das Lernen innerhalb von Organisationen noch ungewohnt ist. Denn Lernen hat ja immer mit einem Austesten von Grenzen zu tun, und die waren bislang noch starr. Nur wenn Menschen die Freiheit haben, z. B. die Grenzen der eigenen Stellenbeschreibung zu überschreiten, ihren Verantwortungs- und Entscheidungsspielraum auszudehnen, machen sie neue Erfahrungen, lernen sie. Das Lernen aber ist ein zutiefst menschliches Bedürfnis, weil man sich dadurch nur entwickeln und etwas hinzugewinnen kann.

Hommerich:
Ist das wirklich ein im Menschen verankertes Bedürfnis? Natürlich sehe ich, daß insbesondere die qualifizierten Mitarbeiter ein großes Bedürfnis haben, zu lernen und sich weiterzuentwickeln. Dies umso mehr, je fortgeschrittener sie in ihrem Bildungsgang sind. Auf der anderen Seite habe ich auch schon viele Menschen kennengelernt, die mit 25 das Lernen quasi abgestellt haben und eine Stelle übernommen haben, in der sie mehr oder weniger Routinetätigkeiten ausüben konnten.

Creusen:
Das ist eine Frage des Menschenbildes: Ich bin zutiefst davon überzeugt, daß jeder Mensch sein ganzes Leben lang lernfähig und lernwillig ist. Nur: Wir alle schaffen Institutionen, die das Lernen bestrafen und damit verhindern.

Turbulenzen

Hommerich:
Ich bin zwar davon überzeugt, daß jeder Mensch lernfähig ist, bestreite jedoch, daß er auch ebenso lernwillig ist. Nur ein Beispiel dazu: Nach einer Podiumsdiskussion kürzlich meldete sich eine junge Dame zu Wort, die mit 18 ihre Lehre beendet hatte, danach noch einmal studiert hat. Nachdem sie nun einen geisteswissenschaftlichen Abschluß erworben hat, ist sie heute davon überzeugt, ihrer Qualifikation gemäß eingesetzt zu werden. Diese junge Dame ist überhaupt nicht bereit, in eine nicht adäquate Position einzusteigen mit der Maßgabe, sich darin weiterzuentwickeln. Das Besitz-Stands-Denken ist doch sehr oft dafür verantwortlich, daß Menschen in ihre eigene Entwicklung nicht weiter investieren wollen.

Creusen:
Aber hat dies nicht etwas mit der Art zu tun, wie wir das Lernen organisiert haben? In Bürokratien – und auch in vielen Unternehmen – ist ein Lernen, eine Entwicklung nicht vorgesehen. Insbesondere die Bürokratien sind „strafbeflissen". Sie legen es in erster Linie darauf an, jemanden dafür zu bestrafen, wenn er Grenzen berührt oder überschreitet. Und das verhindert Lernwilligkeit. Wenn ich weiß, daß dies nicht erwünscht ist, werde ich mich entsprechend verhalten. Dann bin ich irgendwann nicht mehr lernwillig.

Wenn aber die Möglichkeiten existieren, wenn darüber hinaus auch die Sicherheit besteht, daß man negative Lernerfahrungen sammeln darf, auch Rückschläge erleben darf, dann ist doch ein Grundbedürfnis des Menschen angesprochen. Ich sage es noch einmal: Jeder Mensch will wachsen, jeder Mensch hat ein Bedürfnis danach, den Sinn seines Lebens herauszufinden und dabei auch mit sich selbst zu experimentieren: Was gehört zu mir, was gehört nicht zu mir? Und wenn er den Freiraum hat, so zu experimentieren, dann wird er es tun. Nur die Organisationen erlauben es nicht!

Besitz-Stände

Hommerich:
Sicherlich hängt dies auch davon ab, wie jeder Mensch individuell seinen eigenen Lernprozeß erlebt hat. Ein Sechsjähriger will mit Sicherheit noch alles lernen. Aber oftmals werden dann schon die ersten Barrieren aufgebaut. Man denke nur daran, wie in Schulen und Hochschulen gelernt wird. Da werden die Grenzen allein dadurch zementiert, daß einzelne Fächer streng differenziert voneinander unterrichtet werden. Wo wird denn fachübergreifend unterrichtet? Wo wird experimentell gelernt? Wo haben Schüler Gelegenheit, in die Natur hinaus zu gehen oder in direkten Kontakt zur Bevölkerung zu treten und im direkten Dialog zu lernen?

Das institutionelle Lernen findet doch fern von jeder Lebensrealität statt. Es ist eine abstrakte Situation, die wenig Kreativität ermöglicht, die wenig eigene Gestaltungsspielräume eröffnet und die nur nach Benotungssystemen ausgerichtet ist.

Creusen:
Und Lernen wird immer kombiniert mit Strafe, mit Benotung, mit Beurteilung. Kein Wunder, wenn es sich nicht nach Inhalten, sondern nach dem Beurteilungssystem ausrichtet. Das ist keine Basis für die Motivation, etwas dazuzulernen. Kreativität, Interesse, Neugier werden ja geradezu dadurch verhindert.

Im Berufsleben wird dieses Schema einfach fortgesetzt: Dann werden die Menschen eben oft im Kopf so träge und müssen mühsam wieder herangeführt werden an die Bereitschaft, Verantwortung zu übernehmen, kreativ zu sein, eigene Ideen einzubringen und Grenzen zu überschreiten.

Hommerich:
Da sind wir wieder beim Kontrolleur, den wir ganz zu Anfang erwähnt haben. In jedem Unternehmen werden die Lernprozesse reglementiert und kontrolliert. Wie müßte denn die Situation in einem Unternehmen aussehen, so daß Mitarbeiter vollkommen frei lernen und sich frei entfalten können?

Turbulenzen

Maus:
Die erste Voraussetzung dazu sind kleine Einheiten – Einheiten, die sehr autonom geführt werden. Die zweite Voraussetzung besteht in der Zielvereinbarung. Es dürfen keine Ziele vorgegeben werden, sondern jeder Mitarbeiter muß die Möglichkeit haben, Ziele selbstverantwortlich mitzudefinieren. Die, die seinen Aufgabenbereich betreffen ebenso wie die der Unternehmenseinheit, der er angehört. Und er muß auch offen Ziele vereinbaren können über so „heilige Kühe" wie die der Arbeitszeitregelung. Wenn diese Rahmenbedingungen erfüllt sind, sind wir schon ein ganzes Stück weiter, was die Lernfähigkeit der Organisation anbelangt.

Hommerich:
Heute gehört es ja zum guten Ton, daß man sich als „lernende Organisation" beschreibt...

Maus:
Und wenn Sie dann etwas genauer hinter die Hochglanz-Kulissen schauen, stellen Sie fest, daß oft nur alter Wein in neuen Schläuchen fließt: Der kreative, mutige, innovationsbegeisterte Mitarbeiter wird zwar offiziell als der ideale gepriesen. Aber wehe, er ist tatsächlich innovativ. Dann spielen sich die gleichen menschlichen Tragödien ab, wie ehedem. Der Innovator ist eine Gefahr. Vor allem für diejenigen, die nicht viel Kreativität besitzen, ist er viel zu schnell das Objekt des Neides, das Objekt der Ausgrenzung, der Brandmarkung.

Wie ist es sonst zu erklären, daß besonders fortschrittliche Unternehmen ihre sogenannten „Intrapreneure", die Unternehmer in Unternehmen, die an neuen Geschäftsideen arbeiten, von „Sponsoren" – das sind meist Mitglieder der Geschäftsleitung – betreuen lassen, die sie schützen und ermutigen sollen? Brauchten sie sie auch, wenn der Geist des Unternehmens das Experimentieren und das Fehlermachen im Kern guthieße? Wenn der Neuerer eine geistige Heimat in den Köpfen anderer fände? Wenn man offen über Konflikte redete – auch über

Besitz-Stände

... *kleine Einheiten – Einheiten, die sehr autonom geführt werden* ...

Turbulenzen

hierarchische Grenzen hinweg – und die Verantwortlichen an ihren eigenen Maßstäben messen könnte?

In unserer Organisation verpflichten wir uns nicht nur zum „Mut zum Konflikt" durch unsere Unternehmensleitbilder. Wir leben auch danach. Denn wir sind davon überzeugt, daß wir uns nur durch das Austragen von Konflikten weiterentwickeln. Bei uns dürfen Mitarbeiter Fehler machen. Und wenn es sich nicht um Wiederholungen desselben Fehlers handelt, ist das auch vollkommen in Ordnung. Wir wissen es doch alle: Am intensivsten lernen wir aus unseren Fehlern, weil wir erst dann die Richtung wechseln können.

Auch eine Organisation ist nur so lernfähig, wie sie das Fehlermachen im Kern gutheißt, wie der „Mut zum Konflikt" in der Organisation gelebt wird. Die Lernbereitschaft der Menschen und ihre Lernfähigkeit hängen ganz wesentlich von der gelebten Kultur des Unternehmens oder der Organisation ab.

Creusen:
Wir dürfen auch die materiellen Faktoren nicht unberücksichtigt lassen. Denn wer kreativ ist, wer sich mit seinen Ideen entfalten will, etwas Eigenständiges für sich reklamiert, hat unternehmerisches Potential. Damit das nicht „abwandert", muß es finanzielle Anreize bekommen. Das ist ja der Gedanke des Profit-Centers.

Hommerich:
Ist der Gedanke des Profit-Centers nicht noch zu stark zugeschnitten auf eine kleine Gruppe von Führungskräften, die man durch die Möglichkeit zu unternehmerischem Handeln ans Unternehmen binden will? Müßten nicht auch prinzipiell alle, die in den von ihnen angesprochenen „kleinen autonomen Einheiten" tätig sind, sich an einem solchen Profit-Center beteiligen können, wenn man kreative, innovative Prozesse fördern will?

Besitz-Stände

Creusen:
Es ist sicherlich ein Problem, daß bei den materiellen Anreizen die Schere zu stark auseinandergeht. Natürlich sollten so viele Menschen wie möglich Gelegenheit haben, ihr eigenes Kapital an ihrem Arbeitsplatz arbeiten zu lassen. Da verfährt man von Seiten der Unternehmensspitze noch viel zu restriktiv – so wie man bei der Verfügungsmacht über Geld insgesamt noch viel zu restriktiv denkt. Warum sollen denn nur Führungskräfte über ein Budget verfügen?

Hommerich:
Weil man den Menschen in der Hierarchie darunter nichts zutraut, ihnen sogar mißtraut. Weil Organisationen im Kern „mißtrauensbeflissen" sind. Wären sie es nicht, könnte eine Sachbearbeiterin doch über ein Budget verfügen, sie hätte Entscheidungsspielraum, fühlte sich verantwortlich, könnte sich stärker mit dem Ganzen identifizieren. Es ist doch ein Aberwitz, daß eine Sachbearbeiterin in einem Unternehmen, ein Referent in einer Institution noch nicht einmal darüber entscheiden darf, ob er sich mit einem Blumenstrauß für 25 DM bei einem Geschäftspartner bedankt. Wenn Menschen materiell wie Kleinkinder gehalten werden, darf man sich nicht wundern, daß ihr Ego leidet und sie sich nicht mit ganzer Kraft beruflich engagieren, geschweige denn die „lernende Organisation" vorantreiben.

Creusen:
Das sind die alten Zöpfe des Herrn Taylor, die die – kleinen – materiellen Freiheiten im Kern zerstören. Die Leute budgetieren ihr Privatleben doch auch eigenständig und schaffen enorme Projekte in ihrem Leben. Sie schaffen es zum Beispiel, ein Haus zu bauen von 300 000 DM oder 400 000 DM. Aber die Führungsspitze ist nicht bereit, ihnen Verantwortung über nur 1 000 DM zu geben, über die zu verfügen ein Kinderspiel im Vergleich zu ihren privaten Verfügungsmöglichkeiten wäre.

Maus:
Die lernende Organisation kommt aber nicht nur deshalb so

Turbulenzen

schwer aus den Kinderschuhen, weil die materiellen Voraussetzungen fehlen, sondern weil Führungskräfte in ihrer inneren Einstellung noch in den Kategorien des vergangenen Jahrhunderts leben. Das ist m. E. das größte Problem, mit dem die Organisationen heute zu kämpfen haben: Ihre Führungskräfte besitzen in der Regel nicht die menschliche Reife, um Mitarbeitern den Freiraum für Experimente, für Lernen, für Fehlermachen zuzugestehen. In Organisationen werden Mitarbeiter im Zweifelsfall noch immer wie Unmündige gehalten, die sofort zurückgepfiffen werden, wenn der Spielraum ihres Vorgesetzten tangiert ist.

Was in der Gesellschaft, in der Politik, in der Familie selbstverständlich ist – Einfluß zu nehmen, mitzubestimmen – das müssen die Organisationen erst mühsam buchstabieren lernen. Gemessen an den Selbstentfaltungsmöglichkeiten der Menschen hinkt die Wirtschaft, die Verwaltung dem Zeitgeist wie ein „cultural lag" hinterher. Und dafür ist in erster Linie das veraltete Denken der Führungskräfte verantwortlich, das den zeitgemäßen Wandel von Organisationen im Kern torpediert.

Hommerich:
Genau das ist ein Problem, das die Deutschen im internationalen Wettbewerb schwächt. Minoru Tominago, ein Japaner, der deutsche Firmen berät, setzt den volkswirtschaftlichen Verlust, der den Unternehmen in Deutschland durch die mangelnde Motivation ihrer Mitarbeiter erwächst, mit rund 20 Prozent an! In einem Impulse-Interview sagte er kürzlich, wir Deutschen seien dem Dogma „Arbeiten ist deine Pflicht. Denken verboten" so verwachsen, daß die meisten Menschen keine Chance hätten, eigene Ideen einzubringen in eine Organisation: „Dieses typisch deutsche Befehlsmanagement gibt es bei uns einfach nicht. Japanische Chefs sehen das Personal nicht nur als ausführendes Organ, und damit basta. Bei uns wird in den Unternehmen auch auf den Kopf der Leute, ihre Ideen, größter Wert gelegt" (8).

2. Orientierungen für die Führung von morgen

*Gott schuf die Welt und sprach dabei:
„Es könnte ebensogut anders sein."*
(Robert Musil)

Lob der Unordnung: Paten(d)lösungen ade!

Hommerich:
Welche Rolle müßten Führungskräfte in einer Organisation, die tatsächlich den Anspruch der „lernenden" trägt, denn übernehmen?

Creusen:
Rosebeth Moss Kanter, Professorin an der Havard Business School, hat kürzlich in einem Vortrag in St. Gallen ein sehr schönes Bild gezeichnet, mit der sie die Situation von Führungskräften in einem sich immer turbulenter verändernden Umfeld verglich. Das Bild stammt aus „Alice im Wunderland": Alice will Crocket spielen. Doch alles, was sie zu diesem Spiel benötigt, ist nicht mehr das, was es einmal war. Der Schläger zum Beispiel ist kein lebloser Gegenstand mehr, sondern er verändert seine Form kontinuierlich. Er ist zum Flamingo geworden. Auch der Ball bewegt sich wie ein Lebewesen vollkommen unkoordiniert am Boden, und selbst die Tore bleiben nicht mehr an der gleichen Stelle stehen, sondern nehmen eine Eigendynamik an – ähnlich wie der Ball. Trotzdem ist es der Sinn des Spiels, den Ball mit dem Schläger in die Tore zu schießen.

Orientierungen

Verglichen mit der Situation von Führungskräften bedeutet dies: Nichts steht mehr an der Stelle, an der es ursprünglich stand, nichts ist stabil. Und derjenige, der glaubt, einen festen Schläger in der Hand zu halten, wundert sich, daß er daneben schlägt, weil der Schläger plötzlich seine Form verändert hat.

All diesen Unwägbarkeiten und Unberechenbarkeiten kann nur mit einem Verhalten begegnet werden, das flexibel, offen und wach ist, das sich der jeweiligen Situation kontinuierlich anpaßt.

Maus:
Wir brauchen also Führungskräfte, die nicht mehr Strukturen schaffen, sondern amorphe Netzwerke bilden; Führungskräfte, die auf Aufweichung statt auf Verhärtung setzen. Denn die Strukturen verhärten sich ja automatisch. Das ist ein ganz menschlicher gruppendynamischer Prozeß: Wenn Menschen miteinander arbeiten, klären sie ihre Grenzen und ihre Rollen ab. Mit der Zeit verhärten sich die Verhaltensweisen routinehaft. Es entstehen Traditionen und feste Abläufe.

Eine Führungskraft, die den Turbulenzen der Zukunft gewachsen sein will, muß immer wieder dafür sorgen, daß sich die Routinen auflösen. Ihre Aufgabe besteht darin, Wandel nicht nur zuzulassen, sondern Wandel zu initiieren. Und das kann nur geschehen, indem man ganzheitlich denkt. Indem man nicht nur Teile des Prozesses sieht – nicht nur den Ball, das Tor und den Schläger –, sondern die Dinge in ihrem Zusammenspiel erfaßt.

Hommerich:
Die Fähigkeit zu vernetztem Denken ist die Voraussetzung für erfolgreiche Führungskräfte der Zukunft, so argumentieren Heinz Ulrich und Gilbert Probst, zwei Schweizer Professoren, die die „typischen" Denkfehler eines traditionellen Managers an dieser Fähigkeit messen (9).

Lob der Unordnung

Creusen:
Ja, es sind insgesamt sieben „typische" Denkfehler, die Führungskräfte so schnell wie möglich hinter sich lassen sollten.

Der *erste* Fehler besteht darin, Probleme als objektiv gegeben anzunehmen und nicht zu sehen, daß die Dinge nur aufgrund unserer Vorurteile und Erfahrungen so erscheinen, wie wir sie wahrnehmen.

Der *zweite* Fehler betrifft das Denken in eindeutigen Ursache-Wirkungs-Zusammenhängen. Man erkennt nicht, daß die Dinge von vielen Faktoren abhängen, daher auch nicht durch eine einzige Handlung in eine andere Richtung gelenkt werden können.

Der *dritte* Fehler ist die Konzentration auf den Ist-Zustand im Sinne einer statisch-fotografischen Betrachtungsweise, statt daß man die Dinge in ihrem Verlauf, in ihrer Gewordenheit analysiert. Das ist zum Beispiel ein Vorwurf, der dem ansonsten sehr guten Buch von Peters und Waterman „Auf der Suche nach Spitzenleistungen" (10) gemacht wird: Die Autoren haben nur das am Tage X gezeigte Verhalten der exzellenten Unternehmen analysiert, ohne dieses Verhalten als ein Gewordenes zu erfassen.

Der *vierte* Denkfehler betrifft den Glauben, Verhalten prognostizieren zu können: 1905 ist zum Beispiel in einer aufsehenerregenden Studie prognostiziert worden, daß New York 1925 im Pferdemist ersticken wird: Wer prognostiziert, wer den Pfeil einer Entwicklung einfach fortführt, erkennt nicht, daß die Menschheit zu ganz anderen Entwicklungen fähig war und weiterhin fähig sein wird.

Der *fünfte* Denkfehler ist der Gedanke an die Beherrschbarkeit von Problemsituationen. Wer glaubt, daß es nur darauf ankommt, bei hartnäckigen Problemen den Druck zu verstärken, irrt: Es reicht eben nicht, bei Krankheit oder Unwohlsein

Orientierungen

die Dosis des Medikaments zu erhöhen, weil das Gute nur zu leicht in das Böse umschlägt.

Der *sechste* Denkfehler betrifft den Glauben daran, daß ein „Macher" jede Problemsituation in den Griff bekommt: Allmachtsphantasien dieser Art versagen vor der Komplexität der Probleme.

Und der *siebte* Fehler schließlich ist die weit verbreitete Ansicht, mit der Einführung einer Lösung die Probleme ad acta legen zu können, statt darauf gewappnet zu sein, wieder neu reagieren zu müssen, wenn sich die Situation weiter zuspitzt.

Hommerich:
Hinter all diesen Fehlern steckt doch das krampfhafte Bemühen um Ordnung und Perfektionismus. Das Bemühen, alle Faktoren, die Unordnung auslösen, zu isolieren, zu bannen, um einen beherrschbaren Zustand herbeizuführen. Deshalb auch die Anlehnung an naturwissenschaftliche Denkgesetze, z. B. an die des Ursache-Wirkungs-Mechanismus.

Führungskräfte müssen also dahin kommen, nicht weiter Patentlösungen anzustreben, die sich als Paten(d)lösungen entpuppen (11). Paul Watzlawick, der das schöne Wort von der Paten(d)lösung prägte, meint damit solche Lösungen, die alle eventuell auftretenden Probleme im Kern beseitigen. Solche Lösungen gibt es aber nicht. Wer alles unter Kontrolle halten will, wer einen Schlußstrich unter die Probleme ziehen will, kann nur Kahlschläge im Sinne von „Endlösungen" provozieren.

Leben ist nun einmal Veränderung, Unordnung. Wenn wir versuchen, ein Problem zu lösen, dämmert schon wieder ein neues auf, mit dessen Entstehung nicht zu rechnen war. Nur wenn wir diese Unordnung bejahen, wenn wir in ihr so eine Art Lebenselexier sehen, sind wir gelassen genug, uns ihr anzupassen, mit ihr weiterzuwachsen. So wie der Seiltänzer, der sich

Lob der Unordnung

„... der Seiltänzer, der sich nur dadurch auf dem Seil hält, indem er ununterbrochen regellose Bewegungen ausführt."

nur dadurch auf dem Seil hält, indem er ununterbrochen regellose Bewegungen ausführt.

Wir könnten ebensogut sagen: Führungskräfte müssen sich endlich davon lösen, in den altehrwürdigen Management-Traditionen zu denken, die Offenheit und Flexibilität – Unordnung eben – im Kern aushöhlen. Sie dürfen keine Angst haben vor dem Chaos und der Unbeherrschbarkeit. Sie müssen vielmehr den Mut haben, ungeordnete Prozesse staunend und interessiert wie Kinder wahrzunehmen, damit sie lernen, damit umzugehen.

Creusen:
Was heißt eigentlich „managen" im ursprünglichen Wortsinn?

Hommerich:
Der Management-Begriff steht in einer Tradition, die man bis in die Zeit der Renaissance zurückverfolgen kann. Er steht in engstem Zusammenhang mit einer Philosophie, die die Kultur des Abendlandes bis heute maßgeblich geprägt hat – mit einer Philosophie der Machbarkeit, Gestaltbarkeit, Beherrschbarkeit von Dingen und Menschen. Er steht im engsten Zusammenhang mit einem Verständnis instrumenteller Rationalität, das die Welt als Objekt eines systematischen Gestaltungswillens versteht und handhabt.

Dieses neue Verständnis der Welt und des Menschen entwickelte sich im 16./17. Jahrhundert zunächst dadurch, daß die Natur zum ersten Mal in der Geschichte als manipulierbares, kontrollierbares Objekt in Erscheinung trat. Besonders kraß formulierte es Francis Bacon: Für ihn ist die Natur etwas, das sich der Mensch gefügig machen, das er sich zur Sklavin machen soll, etwas, dem er seine Geheimnisse entreißen soll, damit er es besser beherrschen kann. Auch Descartes bringt das neue Verhältnis zur Natur im instrumentell-mechanischen Kontext auf den Begriff. Das materielle Universum ist für ihn eine Maschine, die nach mechanischem Gesetzen

Lob der Unordnung

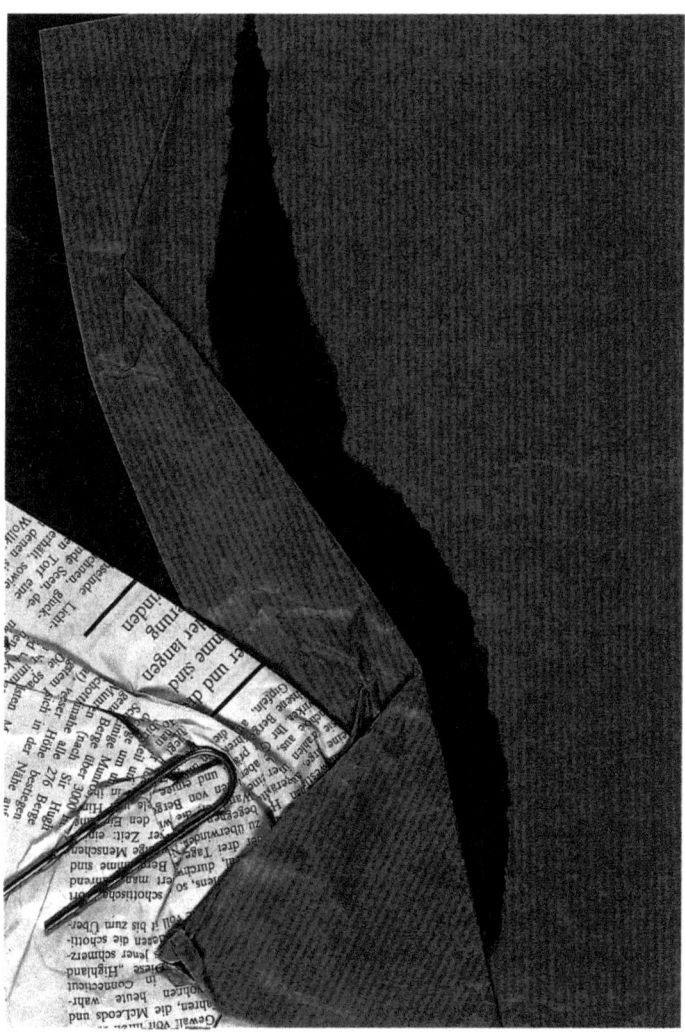

„Noch etwas mehr Druck ausüben..."

funktioniert. Der Mensch ist Herr und Besitzer dieser Maschine (12).

Genau diese Bedeutung hat sich im etymologischen Wortsinn von „Management" erhalten: Management leitet sich vom lateinischem „Manus", das heißt „Hand" ab. „Managen" bedeutet also im Kern: etwas „handhaben", z.b. ein Schwert, ein Schiff, ein Pferd „handhaben". Vom Pferd ist es dann nur ein kleiner Schritt bis zum Menschen. Auch der Mensch wird als ähnlich handhabbar betrachtet wie ein Tier oder ein Werkzeug. Und in der Tat: Der Ursprung des Managements liegt im 19. Jahrhundert, als Ingenieure und Buchhalter begannen, Arbeiter als unternehmerische Werkzeuge zu betrachten, sie entsprechend zu handhaben und ihre Arbeit systematisch zu kontrollieren (13).

Maus:
Hat sich denn seitdem so sehr viel geändert im Verständnis von Management? Was fällt Führungskräften angesichts der konjunkturellen Talfahrt in der Bundesrepublik denn anderes ein, als den Führungsstil von gestern wieder zu beschwören? Nämlich den, die Zitrone noch etwas mehr zu pressen und noch etwas mehr Druck auszuüben. Man denke nur an den Managementstil à la Lopez bei VW. Der Druck wird erhöht. Druck auf die Mitarbeiter, Druck auf die Lieferanten.

Und wenn man einer Befragung von deutschen Personalberatern glauben darf, dann wird im Augenblick in der Bundesrepublik sehr viel eher der „Macher" gesucht als derjenige, der eine soziale Kompetenz mitbringt. Im Gegenteil: Soziale Kompetenz wird heute als hinderlich betrachtet. Das läßt doch fast vermuten, daß sich an diesem Verständnis von Management, wie Sie es gerade skizziert haben, kaum etwas geändert hat.

Hommerich:
Im Zweifelsfall läuft es immer auf das Gleiche hinaus: Nämlich darauf, die große Organisationsmaschine optimal funkti-

onstüchtig zu halten. Natürlich sind die Methoden abstrakter geworden, sie sind wissenschaftlicher geworden, psychologisch auch raffinierter. Aber ein Grundmotiv ist das gleiche geblieben – das Motiv der Machbarkeit, der „Macht-barkeit".

Maus:
Denken Sie nur an „Lean Management". „Lean Management" zielt ursprünglich darauf, Organisationen zu entbürokratisieren, Verantwortungen zu übertragen, die Fähigkeit von Menschen zum Selbstmanagement zu entwickeln. Und wie wird „Lean Management" heute verstanden? Es wird meistenteils verstanden als ein reines Werkzeug zum Personalabbau.

Hommerich:
Die Theorien sind immer schon daraufhin abgeklopft worden, inwiefern sie sich in Rezepte, in Paten(d)lösungen ummünzen lassen. In Rezepte, wie die Organisationsmaschine funktionstüchtig gehalten werden kann. Den Theoretikern kann man da überhaupt keinen Vorwurf machen. Theorien lassen sich nun einmal für viele Zwecke interpretieren.

Creusen:
Alle Theorien, die für das Management auch nur im geringstem relevant waren – beginnend mit dem Taylorismus über die Maslowsche Bedürfnispyramide, das GRID-Managementkonzept, die Ansätze des situativen Führens bis hin zum Minutenmanager von Blanchard – haben ein Schicksal gemeinsam: Sie sind immer daraufhin abgeklopft worden, inwiefern sie sich schnell als Rezepte zum Erreichen einer noch höheren Leistung umsetzen lassen.

Hommerich:
Da wundert es natürlich auch nicht, daß in Führungstrainings immer wieder von „Führungstechniken" oder „Führungsinstrumenten" gesprochen wird. Dem Manager soll doch meistenteils ein rein instrumentelles Wissen an die Hand gegeben werden, wie er andere und anderes „handhaben" kann. Und

Orientierungen

gleichgültig, welche Theorien zugrunde gelegt werden, ob es Theorien psychologischer, organisatorischer oder technischer Art sind – sie werden auf Rezeptwissen abgeklopft und Managern wie Schmieröl an die Hand gegeben. Alles mit dem Ziel, die Dinge besser „in den Griff" zu bekommen. Die Rezepte sollen Antwort darauf geben, wie der einzelne andere und anderes durch seine Vorstellungen manipulieren und steuern kann.

Creusen:
Bei einer solchen Situation bleibt das Umfeld natürlich ausgespart. Die großen Veränderungsprozesse, in die das Management involviert ist, werden dabei nicht berücksichtigt. Denken Sie zum Beispiel an das Buch „Der Minuten Manager" (14). Da ist wieder nur die Rede davon, wie ein einzelner andere Menschen steuern und reglementieren kann. Aber ob dieser Steuerungsmechanismus auch noch in Zeiten der Krise gilt, ob er angesichts großer Wettbewerbsverzerrungen im Markt noch gilt, wenn das Konsumentenverhalten sehr viel widersprüchlicher und komplexer geworden ist – all diese Fragen werden nicht aufgeworfen.

Maus:
Und noch etwas anderes ist auffällig für die Rezepte: Die Aufmerksamkeit gilt immer dem Objekt, nicht dem Subjekt. Die Frage, wer überhaupt derjenige ist, der da etwas „handhabt", ob er aufgrund seiner Persönlichkeit und menschlichen Reife überhaupt berechtigt ist, andere und anderes „handhaben" zu dürfen, bleibt meistens unhinterfragt.

Unhinterfragt bleibt auch, ob man überhaupt noch mit dem Motiv auftreten darf, andere und anderes „handhaben" zu wollen angesichts der Tatsache, daß man sich nicht mehr in den engen Grenzen bewegt, die die Dinge „machbar" erscheinen lassen. Schließlich hat sich der Wandel in der Wirtschaft noch nie so schnell vollzogen, waren die Herausforderungen noch nie so komplex wie heute.

Lob der Unordnung

Die elementaren Fragen werden ausgeblendet, dafür wird jedoch suggeriert, daß man innerhalb kürzester Zeit – beim „Minutenmanager" quasi innerhalb von Minuten – in der Lage ist, Probleme zu lösen und Führungsaufgaben zu erfüllen. Man geht stillschweigend davon aus, daß eine Führungskraft als kompletter Mensch in ein Unternehmen eintritt und all die Fähigkeiten und Qualifikationen mitbringt, die man als Führungskraft braucht. Dabei gibt es keine Institution, die einem Menschen Führungswissen vorab vermittelt. Mit den Managementrezepten wird unterstellt, daß möglicherweise noch nicht vorhandene Qualifikationen in kürzester Zeit „nachgebessert" werden können, quasi wie bei der Schnellreinigung: eben noch schmutzig, in zwei Stunden wie neu.

Führen heißt: Mit offenen Sinnen lernen

"Nicht die Dinge sind positiv oder negativ, sondern unsere Einstellungen machen sie so."
(Epiktet)

Creusen:
Wenn man diese Überlegungen positiv wendet, heißt das in erster Linie: Führungskräfte müssen die traditionellen Management-Rezepte ersatzlos ad acta legen.

Maus:
Sie müssen sich endlich vom Machbarkeitswahn verabschieden – von der Vorstellung, Herr und Meister des eigenen Tuns zu sein, Dinge und Menschen nach eigenen Vorgaben steuern zu können. Die Zeit der Paten(d)lösungen ist zu Ende. Was not tut, ist das geschärfte Bewußtsein dafür, nicht mehr auf sicherem Grund zu stehen, sich statt dessen mit Unsicherheiten und Unordnungen anzufreunden und konstruktiv damit umzugehen.

Creusen:
Wer auf Paten(d)lösungen verzichtet, ist bereit, die Dinge in ihrer Komplexität wahrzunehmen, sie aus verschiedenen Blickwinkeln zu betrachten, andersartige – vielleicht sogar exotische – Denkansätze mit einzubeziehen, zukünftige Situationen zu simulieren und unterschiedliche Möglichkeiten der Einflußnahme durchzuspielen. Das gelingt nur in einem Lernklima, das Erfahrung- und Fehler-Machen zuläßt, ein Klima, das von Strafen absieht.

Hommerich:
Wir tun so, als ob das alles eine Frage des neuen Denkens sei. Es scheint mir aber eher eine Frage des neuen Fühlens zu sein. Denn wenn man sich so offen auf den Wandel einläßt, muß

man die Sicherheitsstangen wegwerfen, die das emotionale Korsett zusammenhalten. Man muß sich doch zunächst einmal einen ganz anderen Zugang zu den Dingen verschaffen – einen, der oft weh tut, weil er die Selbstverständlichkeiten und Sicherheiten des täglichen Lebens in Frage stellt.

Creusen:
Im Grunde genommen muß man wieder beginnen, die Welt mit lebendigen Sinnen wahrzunehmen. Man muß Abstand davon nehmen, mit vorgegebenen Rastern die Dinge als das zu taxieren, was sie subjektiv immer schon gewesen sind. Man muß mit einer ganz neuen Bescheidenheit an die Dinge herangehen. Der Glaube, geistig alles „im Griff" zu haben, ist passé.

Maus:
Das Stichwort von der „neuen Bescheidenheit" gefällt mir in diesem Zusammenhang sehr gut. Statt daß wir glauben, alles zu können, alles im Griff zu haben, müssen wir begreifen, daß wir bereits mit unserer Wahrnehmung auf schwankendem Boden stehen. Unsere Sinne sind so verkümmert, daß wir gar nicht mehr vorurteilslos hören und sehen können, was um uns herum geschieht, geschweige denn, daß wir richtig handeln können. Deshalb müssen wir – ganz elementar! – unsere Wahrnehmungsfähigkeit öffnen. Das heißt vor allen Dingen: Wir müssen lernen zuzuhören. Was nichts anderes bedeutet, als anderen Menschen mit Offenheit und Respekt zu begegnen. Denn wer wirklich offen ist, hat es sich abgewöhnt, gleich zu werten, gleich zu schematisieren und das Gesagte in bestimmte Schubladen abzulegen.

Offen zuzuhören fällt deshalb so schwer, weil man dabei nicht nur im Denken, sondern auch im Fühlen gefordert ist. Wer sich so offen auf andere und anderes einläßt, der relativiert das eigene Weltbild. Der hat den Panzer abgelegt, der ihn vor den Erschütterungen des eigenen Selbstverständnisses schützen soll. Der hat seine Krücken weggeworfen und versucht sich im aufrechten Gang. Der ist innerlich gelassen und hat den

Orientierungen

notwendigen Humor, um auch über sich selbst lachen zu können.

Creusen:
Menschen, die dies fertigbringen, sind selten: Wer über die innere Gelöstheit und Souveränität verfügt, um Neuem mit vorurteilsfreier Neugier zu begegnen, gehört zu einer Minderheit.

Maus:
Wer dies als Führungskraft fertigbringt, gehört zu einer noch größeren Minderheit. Wer führt, weist da wohl eine besondere Deformation auf: Führungskräfte können kaum wirklich zuhören, weil sie über Jahre hinaus gewohnt sind, Anweisungen zu geben und etwas zu sagen, statt auf die Meinungen anderer zu hören – vor allem ohne die anerzogenen, antrainierten Schemata und Vorurteile. Und je höher man in der Hierarchie steigt, desto ausgeprägter wird dieses Phänomen. Organisationen haben geradezu die Funktion, „Funkstille" für die Mächtigen zu produzieren: Informationen von unten werden sorgfältig gefiltert. Das führt zu der allseits bekannten Einsamkeit an der Spitze der Hierarchien.

Hommerich:
Vergessen wir nicht, daß es „die" Wirklichkeit nicht gibt, sondern nur Interpretationen von ihr. Als normale Menschen haben wir gelernt, wie und was wir wahrnehmen, denken, fühlen und tun dürfen.

Wir haben einen Lernprozeß durchlaufen, in dem man uns unentwegt „Stempel" aufdrückte. Jeder Mensch trägt diese „Stempel" im Kopf: Eine Sammlung von Erfahrungen und Gewohnheiten im Denken und Fühlen, die natürlich ihr Gutes haben: Sie helfen uns, uns im Dschungel der Wirklichkeit zu orientieren und die Komplexität der Welt zu reduzieren. Sie sind wie die Krücken, die wir zum Gehen auf unsicheren Pfaden brauchen.

Mit offenen Sinnen lernen

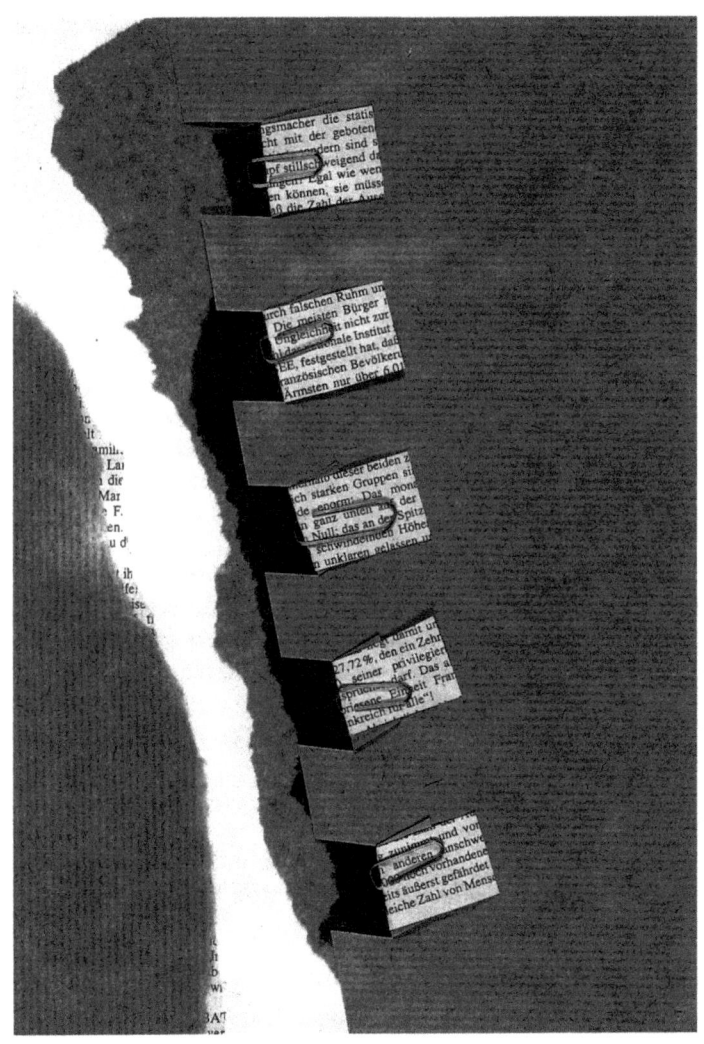

„Jeder Mensch trägt diese Stempel im Kopf..."

Orientierungen

Aber so lange wir nur aus diesen Schemata heraus agieren, so lange sind wir unfrei. Autonomie beginnt erst da, wo wir die „Stempel" eigenständig umprägen: Wo wir wieder mit offenen Augen sehen, mit offenen Ohren hören und fragen. Wo wir uns wieder an der Vielfalt der Wirklichkeit freuen, wo wir dem Leben wieder mit Offenheit begegnen.

Creusen:
Das, was Sie „Stempel" nennen, das bezeichnen die Sozialpsychologen als die selektive Wahrnehmung. Wenn zum Beispiel ein Kollege zu mir kommt und mir sagt: „Ich würde Ihnen gern einen Hinweis geben", dann freue ich mich entweder darüber, wenn ich diesen Kollegen in eine positive Schublade stecke. Genausogut kann ich seinen Hinweis zwar anhören, aber nicht wirklich hören, wenn ich ihn von vornherein innerlich abwerte.

Die selektive Wahrnehmung hat doch mit unserem fundamentalen Bedürfnis zu tun, Sicherheiten zu schaffen. Wenn ich die Tausende von Möglichkeiten, die mir offenstehen, reduziere auf einige wenige, dann werde ich zwar sicherer in meinem Verhalten und bin in der Lage, Entscheidungen zu treffen, aber meine Wahrnehmungsfähigkeit wird dramatisch reduziert.

Hommerich:
Der Zahlenfetischismus, der vor allem im Top-Management gepflegt wird, ist sicher ein gutes Beispiel für diese Form der selektiven Wahrnehmung.

Creusen:
In der Tat. Führungskräfte können noch soviel qualifizierte Entscheidungen treffen: Wenn die Zahlen etwas Positives widerspiegeln, wird der Mensch als erfolgreich bewertet. Ob die positiven Zahlen mit dem Verhalten der Führungskräfte tatsächlich in Korrelation stehen, kann dabei keiner sagen. Das wird nur vermutet.

Mit offenen Sinnen lernen

Das liegt mit Sicherheit daran, daß man als Führungskraft in einem extrem unsicheren Umfeld tätig ist. Das einzig Meßbare, woran man sich in diesem unsicheren Umfeld festhalten kann, sind die Zahlen.

Maus:
Wer führt, wird dazu erzogen, sich im Zahlenfetischismus zu ergehen und nicht mehr zu reflektieren, in welchem Sinnzusammenhang diese Zahlen stehen. Welche Bedürfnisse von Konsumenten stehen dahinter? Oder welche Mitarbeiterbedürfnisse? Wer sich diese Frage ernsthaft stellt, muß zwangsläufig Unsicherheiten zulassen. Er muß darüber staunen können, daß andere Menschen etwas ganz anders bewerten, etwas ganz anderes als sinnvoll empfinden. Er muß mit wirklicher Neugier und Offenheit diesen Dingen gegenüberstehen und sie als Chance betrachten, statt sie als Bedrohung zu empfinden und sich innerlich dagegen abzuschotten. Der Abschottungsversuch dient doch nur der Absicherung und Stabilisierung der eigenen Person.

Creusen:
Warum soll man es zum Beispiel als Bedrohung empfinden, wenn Mitarbeiter, die jünger sind als man selbst, ihre Arbeit ganz anders bewerten, als man es selbst getan hat? Daß besonders die qualifizierten jungen Menschen nicht mehr in erster Linie des Geldes wegen arbeiten, nicht nur der materiellen Sicherheit wegen, daß sie sich statt dessen in der Arbeit selbst entfalten wollen mit all ihren Fähigkeiten. Da ist doch ebensogut eine Chance: Ein extremes Motivationspotential für jedes Unternehmen! Damit sich dieses Potential jedoch entwickelt, muß es den entsprechenden Nährboden haben: reale Mitsprache und Mitgestaltungsmöglichkeiten, flache Hierarchien usw.

Hommerich:
Warum soll es auf der anderen Seite irritieren, wenn den Konsumenten die Lust auf Konsum um des Konsumes willen ver-

Orientierungen

gangen ist? Wenn sie zum Beispiel, wie es Faith Popcorn als Trend aufzeigt – sich angesichts der wirtschaftlichen und ökologischen Bedrohungen auf das Wesentliche konzentrieren: auf ein Leben mit menschlichem Maß, auf ihre Familie, ihre Freunde, ihre Gesundheit, ihren individuellen Lebensgenuß. Das heißt doch nichts anderes, als daß sie bewußter, lustbetonter und individueller konsumieren (15).

Wenn man das reflektiert, wenn man wirklich versteht, was den Menschen sinnvoll erscheint, dann kann man die entsprechenden Konsequenzen daraus ziehen, zum Beispiel ganz andere Dienstleistungen anbieten. Wenn man mit offenen Sinnen nachvollzieht, daß wir uns in dieser Gesellschaft von der Geldkultur wegbewegt haben und uns in der Richtung einer Kultur der Selbstentfaltung bewegen, wie Gertrud Höhler es ausgedrückt hat (16), dann eröffnen sich doch ungeahnte Chancen!

Maus:
Ja, sicher! Nehmen Sie nur unsere Organisation: Wir haben diese neuen Chancen konsequent mit neuen Dienstleistungen beantwortet. Wir bieten unseren Kunden einerseits ein immer größer werdendes Angebot an Produkten – vor allem an solchen Produkten, die ihnen ein individuelles Wohnen ermöglichen. Wir bieten ihnen aber parallel dazu ein sogenanntes „Produkt über den Produkten", das auch immer umfangreicher wird. Das sind z. B. Videos, das sind Zeitschriften und Broschüren, es sind aber vor allem Kurs-Angebote, die den Kunden zeigen, wie man's macht. Und diese Dienstleistungen, die eine konkrete „Lebenshilfe" für unsere Kunden darstellen, werden begierig aufgegriffen.

Vor 25 Jahren, als unsere Branche noch den „Arme-Leute-Touch" hatte und die Kunden zu uns kamen, weil sie durch das Do-it-yourself Geld sparen wollten, da hatten wir nicht die Idee, in solche Dienstleistungen zu investieren. Heute aber, wo das Do-it-yourself in der Hitliste der Hobbies mit an der Spitze liegt, wo die Menschen nicht mehr in erster Linie zum Pin-

Mit offenen Sinnen lernen

sel und zur Gartenschaufel greifen, um zu sparen, sondern um mit ihren eigenen Händen etwas Kreatives zu schaffen – quasi als Ausgleich zur Kopflastigkeit des Berufs – da müssen wir sie in ihrem Bedürfnis nach Selbstentfaltung unterstützen. Das heißt: Wir machen unser Geschäft zwar nach wie vor mit dem Verkauf von Waren, aber wir entwickeln uns in eine neue Rolle: in die des Lebenshelfers, des Animateurs, des Moderators gesellschaftlicher Probleme. In diesem Fall stimme ich mit Gerd Gerken vollkommen überein, wenn er sagt, daß hier die Zukunft unserer Branche liegt (17): Es geht darum, die Bedürfnisse von Menschen aufzugreifen, die aus dem familiären und gesellschaftlichen Leben erwachsen sind, und die entsprechenden materiellen und immateriellen Antworten darauf zu liefern. Wer es schafft, sich hier zu profilieren und den Kunden einen Nutzen für ihr Leben zu bieten, der weit über den eigentlichen Produktnutzen hinausgeht, hat im Wettbewerb mit anderen Anbietern die größten Erfolgsaussichten!

Kampf dem Größenwahn:
Nur wer sich selbstkritisch führt,
kann andere führen

*Es ist leichter, für andere weise zu sein
als für sich selbst.*
(*La Rochfoucault*)

Maus:
Norbert Blüm hat kürzlich in einem Artikel in der „Zeit" einen sehr interessanten Satz gesagt, der das, was wir hier diskutiern, treffend zusammenfaßt. Den Standort Deutschland beschrieb er als bürokratisch, verkrustet, träge und forderte: „Wir brauchen eine (...) Kulturrevolution gegen die Megalomanie" (18). Das heißt nichts anderes als: Wir brauchen eine Kulturrevolution gegen den Größenwahn, gegen die übertriebene Einschätzung der eigenen Person. Das kommt unserem Stichwort von der „neuen Bescheidenheit", die Führungskräften gut stünde, sehr nahe.

Heute besteht die Rolle von Führungskräften doch immer noch darin, Entscheidungen zu treffen und zu wissen, wo es lang geht. Führungskräfte sind es nicht gewohnt, sich kritisch selbst in Frage zu stellen. Persönliche Unsicherheiten können sie nicht zulassen.

Creusen:
Genauso fremd ist es für sie, ihre eigenen Vorurteile kritisch zu analysieren. Auf die Frage „Arbeiten Sie gern mit Frauen?" oder „Können Sie sich vorstellen, eine Frau als Chefin zu haben?" wird jede Führungskraft mit Sicherheit „Ja" antworten. Daß hier ganz andere – unbewußte – Kräfte hineinspielen, die dieses „Ja" möglicherweise durchkreuzen, ist den wenigsten bewußt. Die Vorurteile, die unser Handeln bestimmen, wer-

den ja schon in frühester Kindheit zementiert: Wenn man nur lange genug darüber nachdenkt, wird man zu dem Ergebnis kommen, daß das eigene Verhalten in Organisationen ein Spiegelbild des erlernten Verhaltens in der ursprünglichen Familie ist. Man reproduziert das eigene Erleben in den Organisationen.

Hommerich:
Das heißt, wir können die falschen Programmierungen überhaupt nicht überwinden?

Creusen:
Nur solange man sich dessen nicht bewußt ist. Erst wenn man kritisch darüber nachdenkt, warum man zum Beispiel den Anweisungen eines dominanten Vorgesetzten folgt, warum man von einem solchen Menschen fasziniert ist, wird man darauf stoßen, daß dies möglicherweise etwas mit dem Verhältnis zum eigenen Vater zu tun hat.

Hommerich:
Und erst, wenn ich das begriffen habe, verstehe ich auch, warum ich ursprünglich nicht mit Menschen zurecht gekommen bin, die ganz andere Orientierungen haben als ich. Das heißt also: Nur wenn ich meinem eigenen Verhalten auf die Schliche gekommen bin, bin ich in der Lage, andern gegenüber mehr Toleranz an den Tag zu legen, sie stärker als Partner zu verstehen, mit denen man erfolgreich zusammenarbeiten kann.

Creusen:
Ganz langsam beginnt diese Form der Reflektion in den Führungsetagen Einzug zu halten. Denken Sie nur an den Ansatz des neurolinguistischen Programmierens. Diesem Ansatz liegt die Fragestellung zugrunde, was erfolgreiche Psychoanalytiker von weniger erfolgreichen unterscheidet. Die Antwort ist einfach: Erfolgreiche Analytiker sind diejenigen, die verständnisvoll und einfühlsam sind, die fähig sind, den anderen Menschen

im Gespräch zu begreifen. Aus diesem Ansatz haben Organisationspsychologen bestimmte Techniken abgeleitet, die sie fruchtbar gemacht haben für das neurolinguistische Programmieren. Natürlich besteht auch hier wieder die Gefahr, daß ein ursprünglich guter Ansatz zu kurzfristigen Manipulationszwecken mißbraucht werden kann.

Hommerich:
Der psychoanalytische Ansatz kann natürlich nicht umstandslos fruchtbar gemacht werden für die Führung von Mitarbeitern. Dennoch gibt die Psychoanalyse insgesamt wichtige Hinweise für die Führungspraxis: Der gute Psychoanalytiker ist der, der seine eigenen Stärken und Schwächen am besten kennt, der um seine Selbstbegrenzungen weiß. Deshalb nur ist er fähig, anderen Menschen nicht vorschnell zu raten und sie damit möglicherweise in die Irre zu führen. Auf einen Weg, der nicht der Weg des Patienten ist.

Ähnlich wie der Psychoanalytiker müßte auch die Führungskraft, die anderen Menschen die Richtung weisen will, zunächst einmal über die eigenen Stärken und Schwächen reflektiert haben, um nicht mit vorschnellen Urteilen und Ratschlägen Mitarbeiter in die Irre zu führen. Nur derjenige, der über seine Grenzen Bescheid weiß, ist in der Lage, die Grenzen bei anderen zu öffnen. Aber nur in der Form, daß die anderen selbst ihre Grenzen öffnen. Die Führungskraft kann im Grunde genommen nur Impulse geben, nur zum Nachdenken anregen. Aber der Weg muß vom Mitarbeiter selbst gefunden werden.

Creusen:
Sie haben gerade einen sehr schönen Begriff geprägt: Der Weg des Patienten. Ich würde das gerne auf Organisationen und Unternehmen übertragen und dann müßte es heißen: Der Weg des Mitarbeiters. Ich würde sogar noch pointierter sagen, daß nur der Weg des Mitarbeiters der richtige Weg ist und nicht der Weg des Vorgesetzten.

Kampf dem Größenwahn

Hommerich:
Wenn man das akzeptiert, dann ist das, was der Mitarbeiter subjektiv als sinnvoll empfindet, der Maßstab für die Richtung des Weges.

Maus:
Vorsicht! Wenn wir so argumentieren, schleicht sich unter der Hand wieder die Vorstellung ein, daß jemand – in diesem Fall der Mitarbeiter – seinen Weg geht, ohne nach rechts und links zu schauen. Der monologische Zugriff auf die Welt, der früher so selbstverständlich für Führungskräfte war, gilt dann in ähnlicher Form für Mitarbeiter.

Wir müssen uns doch hüten vor der idealistischen Vorstellung, daß man Mitarbeiter nur den Weg freizumachen hat, damit sich ihre Kompetenzen frei entfalten können. Mitarbeiter treffen unweigerlich auch falsche Entscheidungen. Entscheidungen, die mitunter erhebliche Schäden bewirken. Ein Mitarbeiter ist doch nicht nur eine Quelle an Produktivität. Er ist unter Umständen auch ein erhebliches unternehmerisches Risiko! Und wer als Führungskraft die Dinge laufen läßt und Mitarbeiter ausleben läßt, was sie selbst als subjektiv sinnvoll erachten, wird seiner unternehmerischen Verantwortung nicht gerecht! Ebensowenig seiner Verantwortung gegenüber Banken oder Aktionären.

Wenn Sie als Führungskraft also der Meinung sind, daß das, was Ihr Mitarbeiter als sinnvoll empfindet, nicht machbar ist, müssen Sie ihn vom Gegenteil überzeugen. Am besten ist das, wenn Sie die Diskussion in einem größeren Kreis austragen. Als Unternehmer dürfen Sie sich bei dieser Diskussion nie „ausklinken": Sie müssen Ihre Sicht der Dinge darstellen, überzeugen. Auch wenn das konfliktreich ist. Und wenn Sie es nicht schaffen, Ihre Mitarbeiter von der Sinnlosigkeit ihrer Vorstellungen zu überzeugen, sind Sie kein guter Unternehmer!

Führen heißt: Gemeinsam Sinn schaffen

Creusen:
Wir sollten meines Erachtens einmal darüber nachdenken, wie jemand zu dem kommt, was er als „sinnvoll" betrachtet. Was verstehen Sie eigentlich unter „Sinn", Frau Hommerich?

Hommerich:
Ja, wenn Sie mich so direkt fragen, komme ich in Verlegenheit. Man geht so selbstverständlich mit dem Wort um und versucht gar nicht, es für sich selbst zu definieren. Spontan denke ich, daß „Sinn" etwas ist, dem man nur subjektiv beikommen kann. Denn jeder Mensch wird mit seinem Leben einen vollkommen anderen Sinn verbinden. Nicht nur mit seinem Leben, auch mit seiner Arbeit. Ich stelle Ihnen einfach einmal die Gegenfrage, Herr Creusen: Was ist für Sie – ganz subjektiv – der Sinn Ihrer Arbeit?

Creusen:
Sinnvoll ist für mich zunächst immer das, was mir besonders viel Spaß und Freude macht. Wenn meine Motivation von innen heraus kommt, ohne daß mir jemand anerkennend auf die Schulter klopft und mir eine Prämie zahlt, dann ist dies für mich sinnvoll. Ich mache es an einem Beispiel fest: Wenn ich sehe, daß ein Mitarbeiter, den ich in ganz jungen Jahren eingestellt habe, und von dem andere nicht angenommen haben, daß er das erforderliche Potential besitzt, sich nun doch sehr gut entwickelt, dann empfinde ich es als sinnvoll, ihn eingestellt zu haben. Oder wenn ich feststelle, daß eine Maßnahme, die ich einem anderen Menschen empfohlen habe, zu seiner persönlichen Entwicklung beigetragen hat, dann ist das für mich eine sinnvolle Erfahrung. Überhaupt: Wenn sich Menschen entwickeln, von denen ich weiß, daß dies irgendetwas mit mir zu tun hat, dann empfinde ich viel Freude und Motivation, in dieser Richtung weiter zu arbeiten.

Gemeinsam Sinn schaffen

Ein Physiker, der experimentiert oder ein Maschinenbauer, der sich mit der Konstruktion komplizierter Apparaturen beschäftigt, wird die Sinnfrage mit Sicherheit ganz anders beantworten. Der freut sich vielleicht, wenn seine Maschine zu laufen beginnt. Das ist dann seine Motivation, der Sinn seiner Arbeit.

Maus:
Jeder Mensch ist da in der Tat anders gestrickt. Deshalb kommt es für eine Führungskraft darauf an, gemeinsam mit den Mitarbeitern nach diesem Sinn zu suchen und die Sinnfrage nicht als eine zu philosophische, zu theoretische abzuwehren. Das ist doch immer noch das übliche Denken im Management: Wer sich mit Sinnfragen befaßt, gilt bestenfalls als „Exot", schlimmstenfalls als „Spinner". Aber wenn wir wirklich Ernst damit machen wollen, die Menschen als das wichtigste Kapital eines jeden Unternehmens zu betrachten – so wie es die Hochglanz-Broschüren schon lange propagieren – dann können wir uns nicht weiter an der Sinnfrage vorbeidrücken. Die Zeiten, in denen die Menschen eine Leistung bringen mußten, gleichgültig, unter welchen Voraussetzungen, sind vorbei. Heute müssen sie Höchstleistungen bringen. Aber das können sie nur, indem sie sich mit ihrer Arbeit voll identifizieren. Und das heißt: in dem sie ihre Arbeit – subjektiv – als sinnvoll betrachten.

Hommerich:
Der Gedanke, daß sich Menschen entwickeln, gefällt mir bei dem, was Sie, Herr Creusen, über Sinn sagen, sehr gut. Denn ich denke mir, Sinn hat tatsächlich etwas mit Kontinuität zu tun. Man kann Sinn nicht punktuell definieren, sondern immer nur im Hinblick auf einen wachsenden Prozeß.

Von Rupert Lay habe ich kürzlich einen Fragebogen gelesen, der mich sehr nachdenklich machte. Hinter die Frage „Was ist der Sinn Ihres Lebens?" setzte Rupert Lay in Klammern hinzu: „Diese Frage können Sie sich am besten beantworten, indem Sie sich gedanklich an das Ende Ihres Lebens begeben und sich dann die Frage stellen: Was habe ich realisiert, was ich für ein geglücktes Leben brauchte?"(19)

Ich denke mir, daß nur ein Mensch, der einen Entwurf, eine Vision von seinem Leben hat, der eben nicht von der Hand in den Mund, nicht nur von einem Tag zum anderen lebt, sich die Sinnfrage beantworten wird. Es kann dabei durchaus sein, daß er an manchen Punkten seines Lebens eine andere Antwort gibt. Aber er gibt sie sich immer vor dem Hintergrund einer Kontinuität. Und wenn schon ein Mensch sich nicht immer die gleiche Antwort geben wird, so werden verschiedene Menschen sich noch schwerer auf eine Lösung einigen können: Sinn wird immer etwas ganz Subjektives bleiben.

Maus:
Die Aufgabe einer Führungskraft ist es, dem Mitarbeiter die Frage zu stellen, und ihm nicht die Antwort zu geben. Der andere muß selbst darüber nachdenken, was er persönlich Sinnvolles in eine Organisation einbringen kann.

In diesem Zusammenhang finde ich eine Frage, die an der Universität Witten-Herdecke beim Auswahlverfahren gestellt wird, sehr gut. Die Frage lautet: „Wie wird mein Studium im Jahre 2000 gewesen sein?" Darüber muß der angehende Student einen Aufsatz schreiben. Er muß sich also ganz bewußt ans Ende eines Prozesses stellen, einen Entwurf einer Lebensphase zeichnen. Genauso stelle ich fast jedem Bewerber die Frage: „Was sind Sie in 10 Jahren? Auf welche Erfolge und Mißerfolge schauen Sie dann zurück?" Faszinierend ist es, dabei immer wieder zu sehen, daß sich an dieser Fragestellung die wirklich qualifizierten angehenden Führungskräfte von den weniger qualifizierten trennen: Die qualifizierteren haben eine Antwort auf diese Frage.

Hommerich:
Das Buch von Warren Bennis und Burt Nanos „Führungskräfte" (20) ist in Deutschland hochgelobt worden, weil es den in-

Gemeinsam Sinn schaffen

strumentell-mechanischen Ansatz im Führungsverständnis überwunden hat. Dabei steht die Frage im Vordergrund: Wie kann man emotionale Energie von Menschen auf ein gemeinsames Ziel ausrichten? Antwort: Dadurch, daß „Führer" Menschen einen Sinn geben, daß sie sie mit ihren Visionen überzeugen und ihnen den Weg weisen.

Auch Roland Berger hat in seiner Einführung wohlwollende Worte für diesen neuen Ansatz von Führung gefunden, indem er unterstreicht, daß es für Organisationen in Zukunft immer wichtiger werde, Sinn zu schaffen.

Bei der Lektüre ist mir allerdings eines aufgefallen: Führungskräfte werden als Menschen beschrieben, die es vermögen, die Motive und Ziele ihrer „Gefolgsleute" zu gestalten. Sie werden direkt verglichen mit „sozialen Architekten".

Ich frage mich, ob man heute noch in solchen Kategorien denken kann. Wird die klare Trennung zwischen Führung auf der einen Seite, Gefolgschaft auf der anderen Seite, wie sie dieser Ansatz vorsieht, der Zukunft noch gerecht? Können Führungskräfte noch als „Sinnmacher" dargestellt werden? Die Sinnvermittlung ist doch ein kommunikatives Geschehen, das den anderen als gleichberechtigten Partner akzeptieren muß, wenn ein gemeinsamer Sinn entstehen soll. Sonst wird dieser Sinn möglicherweise nur „verordnet".

Meines Erachtens kreist der Ansatz immer noch um das klassische Denken von „Machbarkeit" und „Macht-barkeit": Führungskräfte werden auch hier von Anfang bis Ende als Herren ihres eigenen Tuns vorgestellt, eines Tuns, das in monologischer Art und Weise die Dinge nach eigenen Zwecken formt und schließlich auch Menschen als Mittel zur Durchsetzung eigener Ziele begreift. Wenn wir heute über Führung nachdenken, müssen wir dringend den monologischen Ansatz durch einen dialogischen Ansatz ersetzen.

Orieniterungen

Creusen:
Was passiert eigentlich, wenn wir beide einen Dialog führen? Zunächst einmal besteht die Gefahr, daß Sie eine andere Meinung haben als ich, daß Sie mir widersprechen.

Hommerich:
Die Situation könnte in der Form gelöst werden, daß sich einer der Partner einfach durchsetzt. Dann wäre es kein Dialog, sondern eine Machtveranstaltung, durch die ein Mensch durch einen anderen in seine Schranken verwiesen wird. Wenn es jedoch ein Dialog ist, dann stutzt derjenige, dem widersprochen wird, zunächst einmal, hält inne und denkt über das nach, was der andere sagt. Und dann fragt man sich, warum der Gesprächspartner zu anderen Ergebnissen kommt als man selbst. Genau das ist die Chance, daß man die Defizite der eigenen Argumente erkennen kann. Wenn dies auf beiden Seiten geschieht, ist jeder ein Stückchen gewachsen: Der andere hat dazu verholfen, die Dinge in einem anderen Licht zu sehen.

Creusen:
Aber das bedeutet ja Lernbereitschaft und die Bereitschaft wachsen zu wollen. Ist das denn die Aufgabe einer Führungskraft, die dafür sorgen muß, daß der Umsatz steigt? Die meisten Führungskräfte sind doch so auf die quantifizierbaren Ziele eingeschworen, daß sie es überhaupt nicht als ihre Aufgabe sehen, zusammen mit ihren Mitarbeitern zu wachsen und sich weiterzuentwickeln.

Maus:
Und die Dinge im Umfeld von uns, die wachsen nicht? Wir sind doch dringend darauf angewiesen, daß andere Menschen uns neue Perspektiven nahebringen – vollkommen gleichgültig, ob das ein Vorgesetzter, ein Kollege oder ein Mitarbeiter ist! Das Wissen, das wir selbst im Kopf haben, ist doch nur ein ganz kleiner Ausschnitt der Welt. Dieses Wissen steht immer in der Gefahr, nicht mehr aktuell zu sein. Deshalb muß doch jeder dringend die Chance ergreifen, sich den eigenen Horizont öff-

Gemeinsam Sinn schaffen

Jetzt werden Prozesse in Gang gesetzt, …in denen man gemeinsam neue Synthesen schafft.

nen zu lassen – gleichgültig von wem. Wenn schon der eigene Sohn viel mehr von Computertechnologie versteht als die Führungskraft selbst, dann kann dies bei einem Mitarbeiter doch ganz ähnlich sein.

Creusen:
Das setzt Offenheit, Ehrlichkeit, Lernbereitschaft und Risikobereitschaft voraus. Vor allem die Bereitschaft, den anderen als Partner anzuerkennen. Seine Andersartigkeit nicht nur zu tolerieren, sondern sie sogar als Chance zu begreifen. Das setzt voraus, daß man sich selbst zurücknehmen kann und nicht nach dem Motto verfährt: „Ich wußte schon vorher, wie es geht". Genau hier sind wir wieder bei der so dringend notwendigen „Bescheidenheit" angekommen, die Führungskräften gut stünde, weil sie nun einmal zu einem gesunden Dialog gehört. Man könnte dies auch „Demut" nennen. Etymologisch stammt unser „Dienen" im übrigen aus dem Wortstamm „diemuot".

Hommerich:
Was halten Sie davon, wenn wir als eine der „Grundtugenden" von zukünftigen Führungskräften ihre „dialogische Kompetenz" unterstreichen und nicht ihre „soziale Kompetenz", wie es heute öfter zu hören ist?

Creusen:
Das halte ich auch für den treffenderen Ausdruck. Denn „dialogische Kompetenz" ist mehr: „Soziale Kompetenz" als die Fähigkeit, Menschen in ihrer Andersartigkeit wahrzunehmen, sich in sie einzufühlen und ohne hierarchische Grenzen partnerschaftlich mit ihnen zu kooperieren, ist quasi die Voraussetzung dafür, mit ihnen in den Dialog zu treten. Der Dialog macht das Ganze dann erst dynamisch: Jetzt werden Prozesse in Gang gesetzt, in denen man über sich hinauswächst, weil man durch die Impulse anderer Menschen weitergetrieben wird und gemeinsam neue Synthesen schafft.

Gemeinsam Sinn schaffen

Hommerich:
Der Gedanke von der Synthese gefällt mir sehr gut. Denn eine Synthese ist immer das Neue, das Überraschende. Wie das Kind, das weder ganz der Vater noch ganz die Mutter ist. Von beiden hat es etwas; und trotzdem ist es einzigartig anders.

Maus:
Ähnlich ist es, wenn Menschen in einen Dialog treten und sich über das austauschen, was sie persönlich als sinnvoll begreifen. Der gemeinsame Sinn ist immer etwas ganz anderes als das, was der einzelne mit ihm ursprünglich verband – und trotzdem weist er die Spuren von diesem Ursprung auf.

Genau das muß man zulassen, wenn man führt: daß alle Beteiligten, so sie es wollen, sinnmäßig mitmischen, sich also zu Wort melden, sich am Ausmalen von Visionen beteiligen. Und dabei muß überhaupt kein Chaos ausbrechen! Man vermutet das leicht, weil der Erfahrungshintergrund fehlt. Wo man es für selbstverständlich erachtet, daß eine Führungskraft oder wenige Führungskräfte Ziele und Visionen vorgeben – und andere Menschen danach handeln (so wie es in fast allen Unternehmen noch heute üblich ist), provoziert die Vorstellung Unsicherheit und Angst, daß der Monolog der wenigen durch den Dialog der vielen ersetzt werden soll. Was aber letztlich dahintersteht, ist nicht die Angst vor dem Chaos. Es ist die Angst, **Macht abzugeben und nicht mehr eigenmächtig den Kurs zu bestimmen!**

Mehr Mut zum existentiellen Risiko!

Creusen:
Ja, die Hierachien werden dann zwangsläufig aufgelöst. Das ist die einschneidendste Veränderung. Aber das heißt noch lange nicht, daß das Chaos ausbricht. Im Gegenteil: Sofern eine Organisation dezentral geführt wird, ist die Beteiligung aller an der Definition von Zielen doch die Chance, lebendig, flexibel und leistungsfähig zu bleiben.

Maus:
Franchise-Organisationen, die ihren Partnern einen hohen Grad an Freiheit und Mitsprache ermöglichen, demonstrieren augenfällig, wie flexibel und leistungsfähig Organisationen sind, die die Kursbestimmung des Ganzen nicht wenigen Auserwählten überlassen, sondern möglichst alle daran beteiligen.

In unserer Organisation gibt es z. B. eine Fülle von Beiräten, die so besetzt sind, daß Mitarbeiter aus den Märkten, Franchisepartner, Marktleiter und Führungskräfte aus der Zentrale gemeinsam die Entscheidungen treffen. Das ist überhaupt typisch für uns: die Menschen so einzubeziehen, sie als Betroffene so zu beteiligen, daß sie sich mit der (gemeinsamen) Entscheidung identifizieren.

Ob es sich um Zielvereinbarungen zwischen der Kassiererin und dem Marktleiter handelt, ob es sich um Budgetfragen handelt, die der Marktleiter mit dem Gebietsleiter und dem Franchisepartner im sogenannten Führungsdreieck entscheidet, oder ob es sich um unternehmenspolitische Entscheidungen handelt – entschieden wird immer auf dem Hintergrund von Diskussionen, in denen möglichst keiner der Beteiligten „gleicher als gleich" ist. Diskussionen, in denen nur das bessere Argument zählt. Das ist natürlich nicht immer leicht. Es setzt viel Disziplin im Sinne eines Verzichts auf Dominanzansprüche voraus. Auch Konfliktfähigkeit ist da gefordert. Denn wenn es

Mehr Mut

niemanden gibt, der sagt, wo es lang geht, muß man sich eben zusammenraufen. Veranstaltungen dieser Art fordern einfach starke Naturen.

Creusen:
Ich möchte da noch weiter gehen: Wer es als Führungskraft versteht, andere Menschen an der Diskussion über Ziele und Visionen – gleichberechtigt – zu beteiligen, trägt im Kern die Bereitschaft in sich, sich „überflüssig" zu machen. Statt daß man sich – wie es üblich ist – selbst ins Zentrum der Kommunikation stellt, sorgt man dafür, daß andere ihre Kompetenzen voll entfalten und ihre Impulse für die Entwicklung der Organisation fruchtbar machen können. Man ist im wahrsten Sinne des Wortes Moderator, dem viel mehr daran gelegen ist, daß vernünftige Synthesen zustande kommen als daran, daß er seine Vorgaben durchsetzt.

Hommerich:
Denken Sie da nicht etwas zu idealistisch? Was passiert denn, wenn der Moderator tatsächlich überflüssig wird, weil er andere so sehr gefördert hat?

Creusen:
Ich bin sicher, daß ein Moderator in diesem Sinne nur wachsen kann. Und wenn er selbst wächst, wächst die Organisation, und ihm wachsen wieder neue Aufgaben zu. Er wird niemals in eine Situation kommen, in der er als Person überflüssig ist. In seiner alten Funktion mag er es eines Tages durchaus sein, nicht aber in einer neuen, noch herausfordernden.

Maus:
Heute ist es doch meistensteils so, daß Vorgesetzte sich als Schleusen und Filter für Informationen und Entscheidungen betätigen. Daß sie mauern und den Gedankenaustausch im Sinne einer Einweg-Kommunikation pflegen. Sie haben Angst, Wissen (im Sinne von Macht) zu teilen. Sie haben Angst davor, sich auf Prozesse einzulassen, die sie nach ihren eigenen

Zielvorgaben kaum noch steuern können. Sie haben Angst, durch andere ideenmäßig übertrumpft und dadurch überflüssig zu werden. Aber das ist doch gerade der Tod jeder positiven Weiterentwicklung, jeder Kreativität.

Hommerich:
Es gibt ein sehr schönes Wort von Rupert Lay, das diesen Mechanismus beschreibt: „Wer andere Menschen groß macht, wird selber groß. Wer andere klein macht, wird selber klein" (21).

Maus:
Oder übertragen auf Führungskräfte heißt das: Erstklassige Führungskräfte haben erstklassige Mitarbeiter, zweitklassige Führungskräfte haben nur zweitklassige oder sogar drittklassige Mitarbeiter.

Hommerich:
Dann sind die erstklassigen Führungskräfte diejenigen, die bereit sind, sich auf existentielle Risiken einzulassen, z. B. darauf, sich selbst überflüssig zu machen?

Maus:
Sie sind vor allem auch bereit, große Konflikte durchzustehen, die sie in ihrer Position gefährden. Diese Konflikte stehen ganz zwangsläufig an, wenn Wandlungsprozesse eingeleitet werden – wenn im klassischen Sinn des Wortes etwas „unternommen" wird. Konflikte sind da vorprogrammiert, weil sich der Mensch von Natur aus gegen den Wandel wehrt. Denn der Wandel gefährdet seine angestammten Sicherheiten. Und besonders bedrohlich wird der Wandel empfunden, wenn er mit mir geschieht, wenn ich nicht aktiv daran teilhabe. Wenn es also nicht meine Idee war, etwas zu verändern.

Hommerich:
Die Konsequenz daraus: Wer als Führungskraft Wandel aktiv gestalten will, muß anderen Menschen die Möglichkeit geben,

Mehr Mut

sich in den Wandlungsprozeß selbst einzubeziehen, ihre Ideen für den Wandlungsprozeß fruchtbar zu machen. Rosebeth Moss Kanter sagt: „Change is a threat, when it is done to me, but it is an opportunity, when it is done by me."

Also nutzen wir die Chance, gemeinsam mit anderen den Wandel voranzutreiben. Nutzen wir vor allem ihr kreatives Potential, um sie nicht vor der Tür stehen zu lassen, sondern um sie mitten in den Wandlungsprozeß hineinzuholen.

Creusen:
Und haben wir den Mut, im Kleinen anzufangen – quasi wie in einer Keimzelle, in der sich kreative Prozesse vollziehen, die möglicherweise bald schon Vorbildfunktion haben für die gesamte Organisation.

Es gibt im übrigen keine Organisation, und sei sie noch so zentralistisch geführt, in der es keine Nischen gäbe, wo es größere Freiräume gibt als anderswo. Diese Freiräume passen gar nicht in die Gesamtorganisation – und trotzdem existieren sie, so als ob hier geradezu Narrenfreiheit existiert. Da dürfen manche Menschen schon mal etwas ausprobieren, und solange sie erfolgreich sind, läßt man sie gewähren und lernt aus ihnen.

„Narreninseln" dieser Art sollte es viel mehr in modern geführten Unternehmen geben. Aber die „Narren" dürften nicht mehr wie in der Vergangenheit der Willkür ihrer Herren ausgesetzt sein. Es sollte selbstverständlich sein, daß viel mehr experimentiert wird, daß man mit viel mehr kreativem Potential sich in Keimzellen zusammenschließt und neue, innovative Ideen entwickelt, mit denen man den Herausforderungen der Zukunft begegnen kann.

Hommerich:
Wenn die Führungskräfte nicht mehr der Willkür Ihrer Herren ausgesetzt sind, so müssen sie sich zumindest weiterhin an den Folgen Ihres Handelns messen lassen. Schließlich müs-

Orientierungen

sen sie Erfolg bei dem, was sie tun, nachweisen können. Das wird auch in Zukunft die Meßlatte sein.

Maus:
Und wenn sie trotzdem ein innovatives Klima schaffen wollen, ein Klima, in dem sie zusammen mit Ihren Mitarbeitern experimentieren, dann brauchen sie vor allem Mut: Mut anzuecken, Mut zum Konflikt. Das gilt zunächst im Hinblick auf das Team, das sie führen: Nur durch Konflikte, die man zusammen durchsteht, kommt man zu neuen, besseren Lösungen. Es gilt vor allem aber auch im Hinblick auf diejenigen, vor denen man sein Handeln rechtfertigen muß. Und da erst zeigt es sich, ob eine Führungskraft tatsächlich die Stärke und Standhaftigkeit hat, den Konflikt durchzustehen: Wer sich für ein innovatives Lernklima einsetzt, wer sich tatsächlich vor seine Mitarbeiter stellt, muß im Zweifelsfall auch bereit sein, den Hut zu nehmen, wenn dies von oben torpediert wird.

Creusen:
Hier geht es auch wieder darum, sich selbst zurückzunehmen, der Entwicklung anderer den Vorrang zu geben. Es geht darum, Mitarbeitern die Verantwortung für ihr Lernen, für ihre Entwicklung zu überlassen. Die herkömmliche Verhaltensweise ist doch die, daß man als Vorgesetzter eingreift, wenn man der Meinung ist, ein Mitarbeiter sei vom Weg abgekommen. Da entzieht man ihm schlicht die Verantwortung für seine Lernchance. Ähnlich wie in dem Experiment mit der Katze, die man in einen Wassertrog wirft. Stellen Sie sich vor, Sie werfen eine Katze in einen Wassertrog mit glatten Wänden. Was macht die Katze?

Hommerich:
Sie versucht, herauszuspringen.

Creusen:
Das schafft sie nicht. Aber sie ackert. Sie paddelt und paddelt, doch weil die Wände so glatt und hoch sind, schafft sie es nicht,

und irgendwann geht sie unter. Wie lange dauert das? Der Durchschnittswert ist etwa eine Stunde. Solange hält es die Katze aus, bis die Kräfte sie verlassen. Wenn der Forscher eingreift, kurz bevor die Katze wirklich ertrinkt und sie aus dem Trog herausholt, hat sie das Schockerlebnis bald verkraftet. Was passiert, wenn man sie vier Wochen später wieder in den gleichen Bottich wirft?

Hommerich:
Sie wartet darauf, daß sie wieder gerettet wird.

Creusen:
Ja. Sie hält also wesentlich kürzer durch, weil sie erfahren hat, daß sie gerettet wird. Nun ist die Übertragbarkeit von Tierexperimenten zu menschlichem Verhalten natürlich immer schwierig. Beim menschlichen Lernen aber verhält es sich ganz ähnlich. Weil man weiß, daß man gerettet wird, übernimmt man nicht die volle Verantwortung für das eigene Lernen. Deshalb kann man den Vorgesetzten nur raten, ein Lernklima zu schaffen, in dem Mitarbeiter eigene Erfahrungen sammeln können.

Hommerich:
In dem sie auch eine ganze Menge Fehler machen können. Von dem Gründer von IBM, Watson sen., ist überliefert, daß er einen jungen Mann in sein Büro zitierte, der Schlimmes ahnte. Dieser junge Mann hatte nämlich auch eine ganz entscheidende Lernerfahrung gemacht: Er hatte eine Million Dollar in den Sand gesetzt, weil er eine falsche Entscheidung getroffen hatte. Als er nun zu Watson sen. ins Büro zitiert wurde, da wußte er natürlich schon, was ihm blühte, und er ging auf Herrn Watson zu mit dem Satz: „Ich weiß genau, was Sie von mir wollen: Sie wollen, daß ich dieses Unternehmen verlasse." Darauf sagte Watson sen.: „Sind Sie verrückt, junger Mann, wir haben gerade eine Million Dollar in Ihre Ausbildung investiert" (22).

Orientierungen

Maus:
Das ist mit Sicherheit ein extremer Fall. Ich kann mir nicht vorstellen, daß die Toleranzschwelle in normalen deutschen Unternehmen so weit geht. Dennoch ist das Beispiel sehr lehrreich, weil man zulassen muß, daß Fehler gemacht werden müssen, wenn neue und bessere Lösungen gefunden werden sollen. Das Problem ist nur: Der Vorgesetzte muß dies nach oben hin rechtfertigen. Er muß also einen breiten Rücken haben, wenn er mit der Haltung eines Coachs demjenigen gegenübersteht, der diesen Fehler macht. Nicht in der klassischen Rolle des Vorgesetzten, sondern in der Rolle eines Gleichberechtigten. Man könnte vielleicht sagen: eines gleichberechtigten Älteren oder gleichberechtigten Weiseren. Ein hoher Anspruch!

3. Tagträume von heute

*„Wer an die Macht kommen will,
gehört in die Heilanstalt!"*
(Rupert Lay)

Der alltägliche Mach(t)barkeitswahn: Tagträume im Management

Hommerich:
Wir haben sehr viele Qualifikationen gestreift, die Führungskräfte in Zukunft dringend brauchen. Wie sieht es nun mit denen aus, die heute in Unternehmen Verantwortung tragen? Besitzen sie solche Kompetenzen, wie wir sie gerade angesprochen haben?

Maus:
Provozierend möchte ich sagen: Nein, sie besitzen sie in der Regel überhaupt nicht! Die Fähigkeit, Wandel zu initiieren, ist von Führungskräften in der Vergangenheit nicht gefordert worden. Führungskräfte haben da ein vollkommen anderes Selbstverständnis. Sie denken eindimensional in Form eines Ursache-Wirkungs-Zusammenhangs, der den Naturwissenschaften entlehnt ist. Sie sind es gewohnt, Entscheidungen zu treffen. Nicht Fragen zu stellen und Prozesse in Gang zu setzen wird von ihnen erwartet, sondern im Gegenteil: Es wird von ihnen erwartet, Prozesse durch eigene Entscheidungen zu beenden.

Genau hier liegt der Kern der „Megalomanie", des Größenwahns, der übertriebenen Einschätzung der eigenen Person, in der Nor-

Tagträume

bert Blüm die Ursache der heutigen Strukturkrise sieht: Wer in dem Bewußtsein antritt, Entscheidungen zu treffen, muß davon überzeugt sein, alles zu wissen und alles zu können, auf der Grundlage rationaler Überlegungen zu handeln und die Dinge tatsächlich beherrschen zu können. Zum Manager traditioneller Ordnung gehört die Allmachtsphantasie wie der Tannenbaum zum Weihnachtsfest.

Hommerich:
Und warum fehlt ihm der Blick dafür, Prozesse in Gang zu setzen, wie es gerade heute das Gebot der Stunde wäre?

Maus:
Weil er an kurzfristigen Erfolgsfaktoren gemessen wird: In den USA an den vierteljährlichen Ergebnisberichten, in Europa an der jährlichen Bilanz.

Deshalb ist er an nichts so interessiert wie daran, den Erfolg zu stabilisieren und abzusichern, statt Entwicklungen in Gang zu setzen, die möglicherweise Turbulenzen produzieren und sich erst in drei oder sieben Jahren positiv auswirken. Die kurzfristigen Entscheidungen stehen dem langfristigen Lernen in Organisationen diametral entgegen.

Hommerich:
Was meinen Sie, warum strebt heute ein junger Mann oder eine junge Frau eine Führungsposition an?

Creusen:
Ich denke aus zwei Gründen. Zum einen weil man Freiheit und persönliche Entwicklung für sich realisieren will. Das ist der positive Aspekt. Es gibt aber möglicherweise auch einen negativen Aspekt in dem Kalkül, und das ist das tiefere Bedürfnis, Macht über andere Menschen ausüben zu können.

Hommerich:
Wie definieren Sie Macht?

Mach(t)barkeitswahn

Creusen:
Macht beinhaltet die Möglichkeit, andere Menschen dazu zu bringen, das zu tun, was ich möchte.

Hommerich:
Zum Beispiel bei der Werbung: Ich sende einen Kaufimpuls, indem ich ein Produkt entsprechend attraktiv an Kunden herantrage in der festen Absicht, daß dieses Produkt gekauft wird. Ich will also, daß der Kunde das tut, was ich will.

Creusen:
Wenn das funktioniert, möglicherweise sogar unbewußt funktioniert, gegen den Willen des Kunden, dann übe ich Macht aus. Macht ist zunächst etwas Befriedigendes: Ich habe die Chance, meine Vorstellungen durchzusetzen.

Hommerich:
Sie halten es also für legitim, im Verhältnis zu anderen Menschen Macht auszuüben? Ich bin da anderer Ansicht: Für mich ist das Bedürfnis, Macht über andere Menschen ausüben zu wollen, eher pathologisch.

Creusen:
Das ist mir zu weit gegriffen. Es kommt doch auf die Intention an. Ich denke, es ist etwas völlig Normales, wenn ich versuche, meine Umwelt zu beeinflussen, zu verändern. Das hat überhaupt nichts Pathologisches. Wenn ich dies mit den Mitteln der Macht versuche, dann kommt es darauf an, mit welcher Zielsetzung ich vorgehe. Wenn es darum geht, meinen Eigennutz zu maximieren, dann ist die Ausübung von Macht mit Sicherheit problematisch. Wenn es aber mit dem Ziel geschieht, mein Gegenüber zu entwickeln, ihm Hinweise, Anregungen zu geben, dann halte ich es keineswegs für pathologisch. Im Gegenteil: sogar für heilend!

Hommerich:
Wenn ich Macht im Sinne von Max Weber definiere als „Chan-

Tagträume

ce, innerhalb einer sozialen Beziehung den eigenen Willen auch gegen Widerstreben anderer durchzusetzen, gleichviel, worauf diese Chance beruht" (23), dann widerspricht dies allem, was wir bisher über das kreativ-innovative Lernklima gesagt haben. Denn wer als Führungskraft ein solches Lernklima schafft, der muß akzeptieren, daß seine Mitarbeiter in der Rolle des Partners agieren. Sich also auch in Richtungen entwickeln, die nicht unbedingt im eigenen Interesse liegen.

Erst wenn das Verhältnis der Führungskraft zum Mitarbeiter ohne Machtanspruch ist, sind Entwicklungsmöglichkeiten in alle Richtungen offen. Wenn Sie das Wirken einer Führungskraft so verstehen, daß sie einen Mitarbeiter in eine bestimmte Richtung lenken will, dann ist das absolut legitim. Wenn dabei aber der Entfaltungsfreiraum des Menschen beschnitten wird, wenn dies gar gegen den Willen des Mitarbeiters geht, dann halte ich dies überhaupt nicht mehr für legitim. Ich denke, wir müssen Macht und Einfluß grundlegend voneinander unterscheiden.

Creusen:
Ich denke nicht, daß Macht in dem von mir verstandenen Sinne dazu führen kann, etwas gegen den Willen eines Mitarbeiters zu tun. Darin sehe ich genau das Mißverständnis traditioneller Führungskräfte: Sie glauben, gegen den Willen von Mitarbeitern agieren zu können. Genau das funktioniert langfristig nicht. Es führt nur zu einer Sinnkrise. Führungskräfte müssen begreifen, daß sie nur dann erfolgreich führen können, wenn sie die Freiheit anderer Menschen bewahren.

Maus:
Für einen Manager traditioneller Prägung ist es absolut selbstverständlich, in Kategorien der Macht zu denken und zu handeln. Immer noch werden Manager daran gemessen, wieviel Mitarbeiter sie „unter sich" haben. Das ist die inoffizielle Kleiderordnung. Hinter vorgehaltener Hand wird auch zugegeben, daß der Kampf um neue Mitarbeiter der Ausdehnung der ei-

Mach(t)barkeitswahn

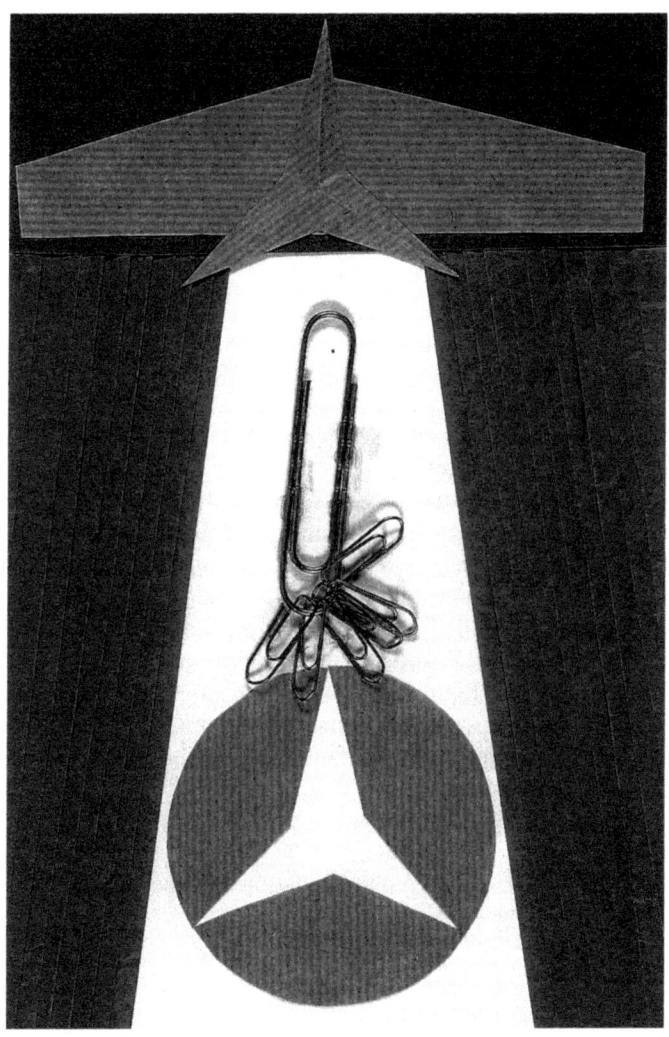

„Man(n) will der Größte sein."

genen „Hausmacht" dient. Es ist doch bezeichnend, daß sich die „leitenden Deutschen" allein in den letzten 10 Jahren etwa zehnmal so schnell vermehrten wie die arbeitende Bevölkerung (24). Die Aufblähung ganzer Abteilungen, ganzer Unternehmen sogar, hat hier ihren Kern: im Machtstreben des einzelnen, in dem Bemühen, sich durchzusetzen, sich über die Köpfe anderer hinwegzusetzen.

Hommerich:
Dieses Phänomen ist in meinen Augen im übrigen typisch männlich: Schon für kleine Jungen ist es selbstverständlich, in einer Gemeinschaft von Gleichaltrigen die eigenen Kräfte zu messen mit dem Ziel, Anführer zu sein. Das Ritual setzt sich kontinuierlich fort – auch an Universitäten kann man da vorzügliche Studien betreiben – bis hinein in die Unternehmen. Ich sage bewußt „Ritual". Denn wer das Ritual nicht kennt – die Sozialisation von Frauen läuft hier immer noch anders (25) – kann oft nur staunen, warum erwachsene Männer sich bei der Lösung von Sachfragen wie bei Schaukämpfen in Szene setzen. Da drängt sich der Vergleich mit dem Tierreich auf, mit dem Unterschied, daß den kämpfenden Hähnen keine Weibchen als fette Beute dienen, sondern „nur" Gehälter, Tantiemem, ein besser ausgestattetes Büro, ein größerer Dienstwagen usw. Darum geht es doch bei all diesen Kämpfen: Man(n) will der Größte sein.

Maus:
Wollen Sie damit sagen, daß Frauen unanfälliger für Machtansprüche sind?

Hommerich:
In der Regel ja. Aber nicht deshalb, weil sie weniger von Instinkten getrieben werden als Männer, sondern weil sie es anders gewohnt sind: Sie sind nicht nur jahrhundertelang von der Macht ausgeschlossen worden; sie haben allein aufgrund ihrer Biologie gelernt, andere Prioritäten zu setzen, nämlich die, Bindungen zu schaffen und Bindungen zu pflegen. Sie ar-

Mach(t)barkeitswahn

beiten in der Regel stärker auf den Interessenausgleich hin als darauf, sich im Streit der Interessen durchzusetzen. Das ist auch der Grund, warum sie – selbst wenn sie mit hervorragender Qualifikation in einem Unternehmen ihre Karriere beginnen – mit den Ritualen ihrer männlichen Kollegen kollidieren.

Man kann jedoch beobachten, daß Frauen durchaus auch anfällig für Machtansprüche sind, vor allem die, die lange im „Dunstkreis" der männlichen Durchsetzungsrituale gearbeitet haben. Diejenigen, die den Verhaltensstilen von Männern standgehalten haben, zeigen ähnliche Tendenzen, sich selbst „absolut" zu setzen.

Creusen:
Überschätzen wir im Moment nicht die Möglichkeit der Machtausübung im Unternehmen?

Maus:
Sie haben vollkommen recht. Die Möglichkeiten für die einzelne Führungskraft, im Unternehmen Macht auszuüben, werden immer kleiner. Wenn man bedenkt, wie vernetzt die wirtschaftlichen Abläufe strukturiert sind, wie groß die wechselseitigen Abhängigkeiten sind, dann bleiben nur noch wenige übrig, die an den Schalthebeln der Macht sitzen. **Man denke nur an ein mittelständisches Unternehmen: Der Mann an der Spitze** mag für alle Mitarbeiter des Unternehmens mit den Insignien der Macht gesegnet sein, er selbst ist aber wieder einer anderen Gesellschaft rechenschaftspflichtig usw.

Hommerich:
Als ich noch keine eigenen Erfahrungen in Wirtschaftsunternehmen gesammelt hatte, glaubte ich auch, daß Führungskräfte Menschen sind, die Einfluß und Macht besitzen. Die Wahrheit sieht meist anders aus: Führungskräfte sind Menschen, die ihr hohes Gehalt nicht zuletzt auch dem hohen Anteil an „Schmerzensgeld" verdanken, das ihnen für ihre Macht-

Tagträume

losigkeit gezahlt wird. Machtlosigkeit mag ja noch angehen. Problematisch wird es jedoch, wenn der „aufrechte Gang" in Gefahr ist.

Ich bin davon überzeugt, daß viele Führungskräfte sich ihr Selbstwertgefühl abkaufen lassen durch hohe Gehälter, Pensionen, Firmenwagen. Es ist erschreckend zu hören und zu sehen, wie Menschen – auch in Führungsetagen – von ihren Vorgesetzten behandelt werden – undsich behandeln lassen! Von dem, was wir in unserem Gespräch als das für die Zukunft Notwendige herausgestellt haben, sind wir in der Realität meines Erachtens noch meilenweit entfernt: Es ist doch nicht nur so, daß Sachbearbeiter von ihren Vorgesetzten oft wie Kinder behandelt werden; dieser Stil des Umgangs macht auch vor den Führungsetagen nicht halt. Wenn man da hinter vorgehaltener Hand von all dem Frust hört, der sich über Monate und Jahre angesammelt hat, fragt man sich, warum lassen die Leute sich das gefallen? Warum gehen sie nicht?

Creusen:
Sie lassen es sich gefallen, weil das Unternehmen sie ansonsten gut versorgt, weil sie Angst vor neuen Herausforderungen haben. Leute, die gut sind, gehen.

Hommerich:
Da bin ich nur bedingt ihrer Ansicht. Ich habe mich oft gefragt, wie der „Mythos vom starken Mann" wohl in die Welt gekommen sein mag. Risikoscheu, Angst, Mangel an Zivilcourage habe ich öfter erlebt als Mut und Offenheit. Sicher gehört das auch zum Ritual: Wer als Schwächerer von einem Stärkeren in der eigenen Gruppe gedeckelt wird, schweigt, wenn er weiter dazugehören will. Das ist mit Sicherheit auch der Grund, warum man in Führungskreisen so anfällig ist für Statussymbole. Wie im Märchen vom Fischer und seiner Frau kann man da nie genug bekommen. Zunächst ist es „nur" die eigene Sekretärin, das eigene Büro, dann sind es immer mehr Menschen, denen man übergeordnet wird, das großzügigere Büro,

der größere Dienstwagen usw. Alles Symbole, die mit einem Schlage zerplatzen können. Alles Dinge, die nicht glücklich machen. Also, warum die Anstrengung?

Weil wir es hier mit dem psychologischen Gegenwert für die erfahrene Machtlosigkeit zu tun haben! Oftmals auch für die erlittenen Demütigungen: Wenn man sich schon das Rückgrat verknackst hat, will man es zumindest in einen bequemen Ledersessel betten.

Creusen:
Statussymbole, so argumentiert Federick Herzberg, können Menschen nicht zu Spitzenleistungen motivieren, wohl aber die Möglichkeit, in der Entfaltung der eigenen Kräfte nicht gehindert zu werden. Statussymbole sind für Herzberg nur „Hygienefaktoren".

Hommerich:
Für Führungskräfte sind sie meines Erachtens derzeit noch das A und O ihrer Seelenhygiene. Solange Führungskräfte nicht den Mut haben, für das einzustehen, was ihnen im Innersten wichtig ist, solange sie schweigen, statt andere zur Rede zu stellen, solange sie unter Mangel an Zivilcourage leiden, so lange ist der Designerschreibtisch „das" Kompensationsgeschäft in der Erfolgsbilanz.

Man kämpft an Nebenkriegsschauplätzen. Das ist nicht nur dem Geschäft abträglich, es ist auch der eigenen Kraft abträglich und der inneren Zufriedenheit. Die schlimmsten Konsequenzen hat es jedoch für die Kultur im Unternehmen. Denn solange an der Unternehmensspitze das eigene Ego mit Status-Tand gefüttert wird, steht die Hierachiespirale unter Strom.

Das entscheidende Merkmal von Status ist doch die Asymmetrie. Die Menschen nehmen unterschiedliche Plätze in einer hierarchischen Ordnung ein. Und das wird ihnen nicht nur durch Symbole dokumentiert; es wird ihnen auch durch das

Tagträume

Verhalten der Menschen deutlich vor Augen geführt. Daß sich ein Vorgesetzter als Förderer seiner Mitarbeiter versteht, als Coach, als primus inter pares – das ist doch heutzutage eher die Ausnahme als die Regel.

Creusen:
Wer sich in seiner Arbeit glücklich fühlt, wer sich voll darin entfalten kann, braucht überhaupt keine Statussymbole. Statussymbole sind im Grunde genommen so überflüssig wie ein Kropf. Also, was spricht dagegen, wenn sie – bis auf die Differenzen im Gehalt – ersatzlos gestrichen werden?

Maus:
Das wäre ein guter Anfang, um sich endlich auf das Wesentliche konzentrieren zu können. Wenn jedoch nur die Statussymbole gestrichen werden und die Asymmetrie im Verhalten von Vorgesetzten und Mitarbeitern weiterhin gepflegt wird, betreibt man nur Makulatur.

Warum ist das Buch von Reinhard Sprenger „Mythos Motivation" so erfolgreich geworden? Weil es den Finger in die Wunde des Führungsverhaltens von Vorgesetzten gelegt hat. Weil es die Maske weggerissen hat, die sich hinter dem Mythos vom Manager als Alleswisser und Alleskönner verbirgt: „Nicht wenige Führungskräfte sind kommunikative Analphabeten, besinnungslos verbohrt darin, „Recht" zu haben, sich durchzusetzen, zu imponieren, andere zu manipulieren, Beifall zu heischen, für die Tribüne zu inszenieren. Rituelle Abgrenzungs- und Unterscheidungsakrobaten" (26).

Ich will nicht sagen, daß das „die" Wirklichkeit ist – sie ist es jedoch zu einem großen Teil. Auch heute ist es doch eher die Ausnahme als die Regel, daß Vorgesetzte ihren Mitarbeitern partnerschaftlich begegnen: daß sie Ziele mit ihnen vereinbaren, statt sie vorzugeben, daß sie ihre Selbstverantwortung akzeptieren, daß sie Mitarbeiter die Dinge so machen lassen, wie sie es für richtig halten. Daß sie ihre Mitarbeiter also als Quelle von Kompetenz betrachten, die sie selbst nicht besitzen. Mit einem Wort: Es ist eher die Ausnahme als die Regel, daß Mitarbeiter als mündige Menschen behandelt werden.

Und wer glaubt, daß diese Asymmetrie im Verhalten nur zwischen Sachbearbeitern und Abteilungsleitern zu beobachten ist, der irrt. Sie existiert zwischen Geschäftsführern und Abteilungsleitern ebenso. Diesem Stil wird im übrigen durch ungeschriebene Gesetze Vorschub geleitet. Wo es üblich ist, Mitarbeiterbeurteilungen im Sinne von Einwegkommunikation zu führen, wo es verpönt ist – und das ist es wohl in den meisten Fällen – daß die Geschäftsleitung Einblick in demotivierendes Verhalten von Vorgesetzten bekommt, werden die klassischen Über- und Unterordnungen festgeschrieben. Diese Asymmetrien sind heutzutage vollkommen dysfunktional. Sie verhindern Arbeitsfreude, zerstören die ursprüngliche Motivation von Menschen, verhindern, daß sich Kompetenzen voll entfalten können.

Creusen:
Diese Über- und Unterordnungen sind im übrigen auch sachlich gar nicht mehr zu rechtfertigen: Die einzelnen Arbeitsbereiche nehmen sich meistenteils so differenziert aus, daß der Vorgesetzte sie kaum noch selbst beherrscht. Er ist daher dringend auf die Kompetenzen von Mitarbeitern angewiesen, die er selbst nicht mehr besitzt.

Hommerich:
Viel wäre schon gewonnen, wenn das Pronomen „mein", wie es im Verhältnis zu Mitarbeitern nur zu häufig benutzt wird, nicht nur ersatzlos aus der Sprache, sondern vielmehr aus den Köpfen von Vorgesetzten gestrichen würde. Das wäre der erste Schritt im Kampf gegen die „Megalomanie", gegen die übertriebene Einschätzung der eigenen Person. Aber das ist sicherlich das Schwerste, vor allem für schwache Vorgesetzte.

Maus:
Das ist genau das Problem: Die Schwachen brauchen die Asym-

Tagträume

metrie. Sie sind es, die Abstand halten, die auf Distanz gehen, die die Position sichern um jeden Preis. Diejenigen, die nicht nur fachlich überdurchschnittlich sind, sondern auch die entsprechende menschliche Reife – und damit auch Bescheidenheit mitbringen (solche gibt es glücklicherweise ja auch in Führungsetagen!) können ohne Asymmetrien leben. Weil sie sich selbst vertrauen, weil sie innerlich souverän sind, können sie die innere Freiheit auch anderen zugestehen. Sie können es sich erlauben, die Dinge laufen zu lassen, was überhaupt nichts mit „laisser faire" zu tun hat. Und sie haben erfahren, daß nur so Spitzenleistungen bei allen Beteiligten zustande kommen.

Die „Angstbeißer" dagegen bestehen auf der Asymmetrie der rigiden Abgrenzung. Sie wähnen sich weiterhin in der Vorstellung, daß sie es sind, die die Dinge nach eigenen Zielvorgaben steuern und manipulieren müssen, sich dabei „ihrer" Helfer bedienen dürfen. Der „Angstbeißer" ist wie der Dinosaurier unter den Führungskräften, der sich aus fernen Zeiten hinüber gerettet hat, aber noch lange nicht auszusterben droht, weil die Zahl immer noch überwältigend ist: der Einzelkämpfer, der die Dinge im Alleingang gestalten und beherrschen will.

Hommerich:
Wundert es da, daß die Managementkategorien noch voller Anklänge an die Terminologie des Militärs, des Krieges sind? Da ist zum Beispiel vom „Kader" die Rede (das ist in der Schweiz die offizielle Bezeichnung für die Gesamtheit der Führungskräfte), da wird der Korpsgeist beschworen, da werden Werbefeldzüge geführt, Kämpfe an der Preisfront ausgefochten, Marktanteile gewonnen....

Des Kaisers neue Kleider: Warum man die eigene Schwäche so gut versteckt

Wenn man einen Menschen richtig beurteilen will, so frage man sich immer: „Möchtest du den zum Vorgesetzten haben?"
(Kurt Tucholsky)

Creusen:
Es ist doch die Schwäche – das Beharren auf der Asymmetrie, das verbohrte Festhalten an der Vorstellung, die Dinge von Anfang bis Ende nach eigenen Zielvorgaben steuern zu können – die eines streng tabuisiert: die kritische Selbstbetrachtung, die Frage nach der eigenen Person.

Maus:
Das war auch einmal anders: In den siebziger Jahren setzte man sich im Management sehr intensiv mit den eigenen Stärken und Schwächen auseinander. Unter der Fragestellung „Was qualifiziert mich, als Führungskraft tätig zu sein?" wurden damals gruppendynamische Prozesse initiiert, die zu mehr Selbsterkenntnis führen sollten. Das Ganze hatte nur einen Haken: Es war außerordentlich zeitaufwendig und berührte viel zu oft die persönliche Schmerzgrenze. Ich habe selbst Veranstaltungen dieser Art miterelebt, z. B. in Amerika. Das war wirklich nur etwas für starke Naturen: Schonungslos von anderen gesagt zu bekommen, wie man auf sie wirkt, welche persönlichen Schwächen die Kooperation erschweren, ist nicht jedermanns Sache. In einzelnen Fällen – so war immer wieder zu hören – entwickelten sich bei den Teilnehmern sogar Depressionen, weil sie mit der neuen Selbsterkenntnis nicht umgehen konnten.

Tagträume

Die Zeiten, in denen man das gruppendynamische Faß zum Explodieren brachte, sind heute glücklicherweise vorbei. Dennoch ist es mitunter wichtig, sich kritisch von anderen Menschen den Spiegel vorhalten zu lassen. Besonders für Führungskräfte! Aber es gibt nur wenige Ansätze im Rahmen der Organisationsentwicklung, die darauf zielen, mehr Selbstreflexion bei denen, die führen, zu schaffen.

Hommerich:
Sie befassen sich in Ihrem Unternehmen mit der GRID-Organisationsentwicklung. Denken Sie, daß GRID ein Ansatz ist, um Menschen in ihrer Führungsrolle zu mehr Selbstreflektion zu befähigen?

Maus:
Ja, unbedingt! Denn ein wichtiger Bestandteil des GRID-Konzeptes besteht ja in der kritischen Bewertung des eigenen Verhaltens. Am vierten Seminartag, dem sogenannten „Tag der Wahrheit", wird jedem Gruppenmitglied das eigene Verhalten schonungslos zurückgespiegelt. Das sind für die Teilnehmer oft sehr anstrengende Prozesse, die aber notwendig sind, um ein Nachdenken über die eigene Person im Kontext von Organisationen zu veranlassen und damit die Führungsfähigkeit zu verbessern. Und was ganz wichtig ist: Der Seminarleiter interveniert, wenn es zu gruppendynamischen Prozessen kommt, die den einzelnen Teilnehmer überfordern.

Hommerich:
Ist GRID der einzige Ansatz, der in die Richtung der Selbstreflektion geht?

Creusen:
Nein, es gibt noch andere Ansätze neben GRID, z. B. der Tavistock-Ansatz, der Führung und Organisationsentwicklung miteinander verknüpft. Der Tavistock-Ansatz geht auf die Theorien von Sigmund Freud zurück und versucht, die unterbewußten und unbewußten Prozesse innerhalb von Gruppen und

Des Kaisers neue Kleider

Organisationen aufzudecken. Zielsetzung ist es dabei wahrzunehmen, wie sich Gruppenprozesse durch die individuelle Dynamik einzelner Menschen verändern. Der Tavistock-Ansatz wurde ursprünglich zur Analyse der Struktur öffentlicher Einrichtungen, wie z. B. Krankenhäusern, eingesetzt. Das GRID-Konzept ist im übrigen ein „Ableger" des Tavistock-Ansatzes: Robert Blake, der Gründer und Initiator des GRID-Konzeptes hat selbst am Tavistock Institute of Human Relations in London als klinischer Psychologe gearbeitet.

Hommerich:
Und wie werden diese Ansätze in Unternehmen genutzt?

Creusen:
Meines Wissens werden die Ansätze nur spärlich genutzt – vor allem in Unternehmen. Professor Burkard Sievers ist mir in Deutschland bekannt, der diesen Ansatz für die Analyse öffentlicher Organisationen fruchtbar macht, vor allem solcher Organisationen, die sich mit der Aus- und Fortbildung von Sozialarbeitern und Sozialpädagogen befassen. In der Wirtschaft dagegen weist man diesen Ansatz sehr weit von sich. Das hängt sicherlich damit zusammen, daß der psychoanalytische Ansatz sehr stark an die Wurzeln des Verhaltens herangeht. Genau dies wird als Bedrohung empfunden: Es mobilisiert die berechtigte (!) Befürchtung, daß damit die Fassaden des Verhaltens aufgelöst werden und die eigentliche Ohnmacht im Verhaltensbereich aufgedeckt wird. Das käme dann einer Katastrophe gleich. Denn eines ist immer noch streng tabuisiert unter Führungskräften: Wenn man sich schwach fühlt und das auch eingesteht. Führungskräfte beziehen ihr Selbstwertgefühl immer noch aus der Vorstellung, sich als „tough guys" zu präsentieren: Alleswisser, Alleskönner. Depressionen sind tabu!

Maus:
Aber die Schwäche existiert doch. Und sie wird auch eingestanden. Allerdings hinter verschlossenen Türen, ohne Zutritt

Tagträume

der Öffentlichkeit. Es gehört heute doch fast zum guten Ton und dies umso mehr, je weiter man in der unternehmerischen Hierarchie vorgerückt ist – sich einen persönlichen Coach zu halten: einen Menschen, der vom Fachberater über den Beichtvater bis hin zum Psychoanalytiker fast alle Funktionen in sich vereinigt, die man braucht, um sich mal so richtig auszusprechen und gehenzulassen. Ohne Fassade. Ohne den Anspruch, nach außen hin sicher und stark zu erscheinen. „Im Dunkeln ist gut munkeln..." Warum eigentlich nicht auch im Hellen? Warum kann man es nicht zulassen, als Mensch mit Stärken und Schwächen wahrgenommen zu werden? Warum kann man sich Authentizität nicht leisten?

Solange die Coachs hinter verschlossenen Türen agieren und die Schattenseiten des Führungsalltags, die Schattenseiten der menschlichen Existenz im Geheimen diskutieren, wird nicht das Klima der Offenheit, des partnerschaftlichen Miteinanders, des kreativen Lernens geschaffen, wie es wünschenswert wäre. Statt dessen werden Fassaden poliert, Positionen gesichert, Asymmetrien im Verhalten zementiert, um nur ja keinen Zipfel von Status und Macht abgeben zu müssen.

Hommerich:
Die Management-Rezepte, die Paten(d)lösungen, tun dann das ihre, um den Status quo zu sichern. Auch sie blenden das, was die Schattenseiten der eigenen Existenz, die Pferdefüße im eigenen Verhalten anderen Menschen gegenüber, aufdecken könnte, systematisch aus. Wie in Andersons Märchen „Des Kaisers neue Kleider": Da wird eine ganze Maschinerie von dienstbaren Geistern und Claqueuren in Gang gesetzt, um Kleider zu machen, die es nicht gibt. Nur der Kaiser glaubt, daß er die schönsten Gewänder trägt, bis ein kleines Mädchen in die Menge ruft: „Aber der Kaiser ist doch nackt!".

Maus:
Welcher Management-Trainer, welcher Berater wagt es, den Menschen, die die Spiele um Macht und Asymmetrie so verin-

Des Kaisers neue Kleider

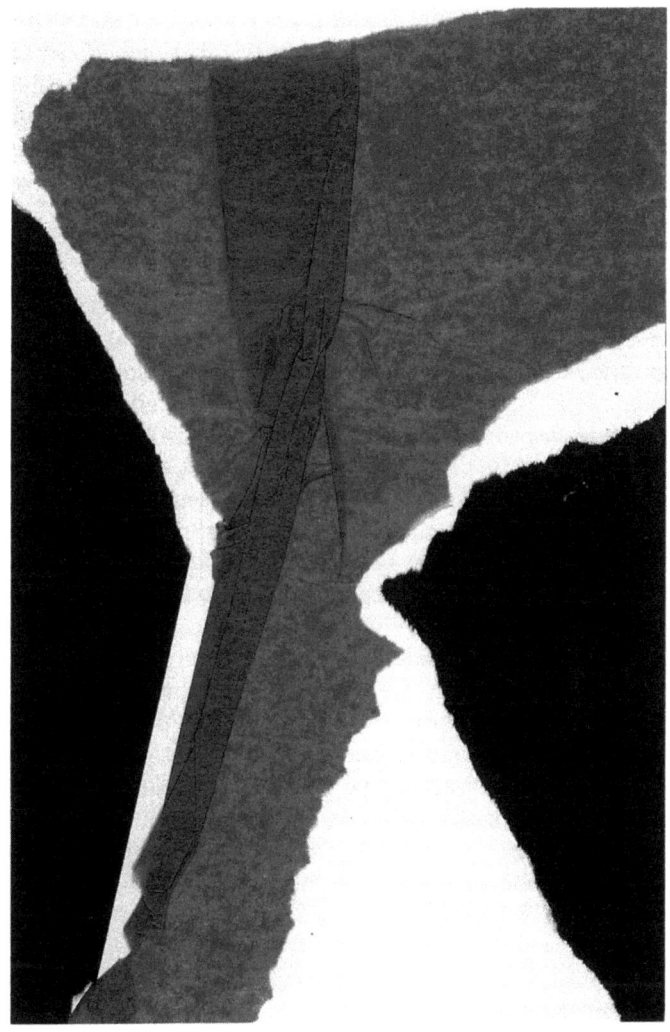

„...Asymetrien im Verhalten zementiert, nur um ja keinen Zipfel von Status und Macht abgeben zu müssen."

Tagträume

nerlicht haben, zu sagen, daß sie „nackt" sind? Daß sie viel besser daran arbeiteten, wie sie souveräner, freier und offener anderen Menschen begegneten als darin, wie sie ihre Ziele anderen gegenüber durchsetzen können? Es ist doch viel einfacher, ungefährlicher, geschäftstüchtiger, Führungs-Techniken und -instrumente an den Mann zu bringen, die alles beim alten lassen. Die vor allem auch die „heilige Kuh" des schwachen Egos bei den Führenden schützen.

Creusen:
Die Selbstreflektion ist das eine, was die Rezeptologien verdrängen, das andere ist das Wachsen-Lassen anderer Menschen. Es ist doch bezeichnend, daß die Theoretiker, die sich dafür ausgesprochen haben, Mitarbeitern mehr Verantwortung für ihr Arbeit zu übertragen, in ihrem eigenen Umfeld nicht beachtet wurden. Edward Deming, den wir eben schon erwähnt haben, ging nach Japan, weil er in Amerika nichts ausrichten konnte. Jetzt kommt sein Denken wie ein Bumerang nach Amerika und Europa zurück. Ähnlich verlief die Rezeptionsgeschichte einer Theoretikerin, die bereits im 19. Jahrhundert zu den entschiedensten Gegnern des Taylorismus zählte: Mary Parker Follett. Sie fand zwar als Politikwissenschaftlerin Beachtung, jedoch nicht als Management-Theoretikerin mit ihren Thesen, daß Menschen sich mit ihren Fähigkeiten nur dort entfalten werden, wo sie die volle Verantwortung für ihr Arbeitsergebnis tragen. Ihre Forderung, endlich davon abzulassen, Menschen im Sinne strikter Arbeitsteilung auf eine einzige Aufgabe zu konzentrieren, blieb ungehört. Nur in Japan werden ihre Ideen durch eine Follett-Gesellschaft propagiert (27).

Hommerich:
Oder denken Sie an Einar Thorsrud. Während des 2. Weltkriegs hatte er die Erfahrung gemacht, daß Menschen, denen man normalerweise keine Führungskompetenz zutrauen würde, in Zeiten der Krise über sich selbst hinauswachsen und Dinge bewerkstelligen, von denen man nur träumen kann.

Des Kaisers neue Kleider

Schüler beispielsweise haben Lehrerfunktionen wahrgenommen. Oder Bauern haben den Widerstand organisiert (28).

Diese Erfahrungen brachten Thorsrud zu der Erkenntnis, daß Menschen mit den Aufgaben, die man ihnen überträgt, wachsen. Die verkümmerten Fähigkeiten der Mitarbeiter sind deshalb für Thorsrud das Ergebnis eines schlechten Managements: Man hält die Menschen klein, damit man selbst keine Verantwortung abgeben muß. Genau hier liegt meines Erachtens der Grund, warum ein Mann wie Thorsrud nicht beachtet wurde: Es ist die Angst, Kompetenz und Verantwortung abzugeben. Die Angst, daß man selbst möglicherweise überflüssig wird, wenn Hierarchieebenen überflüssig werden.

Maus:
Genau das ist heute zu beobachten, wenn man im Zusammenhang mit der Diskussion um „Lean Management" darüber spricht, daß das sogenannte Mittelmanagement überflüssig ist, weil es bürokratisch reagiert und den Wandel ablehnt. Aber das Top-Management hat doch die Strukturen des Mittelmanegements geschaffen! Wie wäre es denn, wenn statt der Abschottung nach oben eine Kompetenzverlagerung nach unten im Sinne eines „Empowerments" stattfände?

Auch heute wird es doch noch als Bedrohung empfunden, Menschen zu entwickeln. Da kommen ganz tiefe menschliche Befürchtungen und Ängste ans Tageslicht, die alle darauf hinauslaufen, man könnte selbst irgendwann einmal überflüssig werden. Stellen Sie sich nur vor, daß ein Mitarbeiter, der zwei Hierarchiestufen unter mir steht, umfangreiche Fortbildungsveranstaltungen durchläuft. Wenn sich herausstellt, daß er besser ist als sein Vorgesetzter, ist dies doch eine extreme Bedrohung für die eigene Position. Also, warum sollte man sich darum reißen, Mitarbeitern Entwicklungschancen zu geben, wenn dadurch die eigene Position eines Tages in Frage gestellt wird?

Tagträume

Hommerich:
Rupert Lay, der Jesuitenpater, ist meines Wissens einer der wenigen Managment-Trainer, die nicht im Spiel um „des Kaisers neue Kleider" mitspielt. Er distanziert sich davon, Führungstechniken und -rezepte weiterzugeben. Es geht ihm vielmehr um Selbstreflektion, darum, die „Grenzen des inneren Wachstums" zu überwinden. Für ihn besteht das Problem unserer Zeit gar nicht so sehr in den Grenzen des äußeren Wachstums. Das Problem unserer Zeit – das sind für ihn die Grenzen des inneren Wachstums: Die Menschen sind nicht in der Lage, ihre Entwicklung ethisch sinnvoll zu regulieren (29). Deshalb besteht das Bildungsziel für ihn darin, die Fähigkeit zur kritischen und realitätsorientierten Innensteuerung zu entwickeln. Das ist ein hoher Anspruch. Wie verhält sich dieser Anspruch zur Realität? Wie sieht der typische Bildungsweg eines Managers heute aus?

Was „bist" du und was „hast" du: Zwischen Leistungserfolgen und Lebensfülle

> *„Wenn das gemeine Wesen das Amt*
> *zum Maßstab des Mannes macht,*
> *wenn es an dem einen seiner Bürger*
> *nur die Memorie, an einem anderen*
> *den tabellarischen Verstand, an einem dritten*
> *nur die mechanische Fertigkeit ehrt,*
> *wenn es hier, gleichgültig gegen den Charakter,*
> *nur auf Kenntnisse dringt, dort hingegen*
> *einem Geiste der Ordnung und einem gesetzlichen Verhalten*
> *die größte Verfinsterung des Verstandes zugut hält –*
> *wenn es zugleich diese einzelnen Fertigkeiten*
> *zu einer ebenso großen Intensität*
> *will getrieben wissen, als es dem Subjekt*
> *an Extensität erläßt – darf es uns da wundern,*
> *daß die übrigen Anlagen des Gemüts*
> *vernachlässigt werden, um der einzigen,*
> *welche ehrt und lohnt,*
> *alle Pflege zuzuwenden?"*
> **(Friedrich von Schiller)**

Creusen:
Die Grenzen des inneren Wachstums zu überwinden – das ist in der Tat ein hoher Anspruch. Das Bildungssystem, das der „typische" Manager durchläuft, wird diesem Anspruch in keiner Weise gerecht. Im Gegenteil: Es zementiert die Grenzen des inneren Wachstums! Denn in Schulen und Hochschulen geht es in erster Linie um die Reproduktion von Wissen. Sehen Sie sich nur die Situation an den Hochschulen an: Die überfüllten Hörsäle schließen die Möglichkeit zur Reflektion und

zur kritischen Diskussion aus. Da wird ein Verhalten gefördert, das durch und durch leistungsorientiert ist in dem Sinne, daß möglichst gute Noten durch eine möglichst exakte Reproduktion des Lehrstoffes erreicht werden sollen.

Hommerich:
Unsere Bildungseinrichtungen tendieren mehr oder weniger alle dahin, „Kopfgeburten" zu entlassen. Sowohl die Schul- als auch die Hochschulausbildung ist der theoretischen Erkenntnisfähigkeit weit mehr verpflichtet als der praktischen Lebensbewältigung: Die linke Gehirnhälfte, die „Brutstätte" des begrifflich-analytischen Denkvermögens, das die Welt mit ihren Details „in den Griff" bekommen, berechenbar machen will, ist voll funktionstüchtig.

Die rechte Gehirnhälfte dagegen, der Sitz des bildhaft-kreativen Denkvermögens, ausgerüstet mit der Fähigkeit, die Welt ganzheitlich wahrzunehmen und auch Menschen mit ihren Unberechenbarkeiten gerecht zu werden, fristet ein unterentwickeltes Dasein (30). Die Konsequenz: Es werden Fachleute ausgebildet, die eine Fülle von Spezialwissen besitzen, von der realen Welt jenseits der Theorie jedoch meist unbehelligt sind. Und je länger die Ausbildung dauerte, desto mehr: Die Luft für das Leben wird immer dünner.

Creusen:
Berechenbarkeit ist ein gutes Stichwort: Schulen und Hochschulen stehen in dem Dilemma, meßbare Ergebnisse zu produzieren, Leistungsnachweise meßbar zu machen. Wenn wir es schaffen, unsere Schulen und Hochschulen aus dem Wahn zu befreien, daß Bildung meßbar sein müsse, dann haben wir einen Großteil der Technisierung des Menschen bereits überwunden.

Hommerich:
Dann müßten wir uns natürlich auch davon verabschieden, Leistungsbeurteilungen zu machen.

Leistungserfolge und Lebensfülle

Maus:
Ganz gewiß. Wenn wir diese Überlegungen auf Führungskräfte übertragen, dann stellt sich die Frage: Woran erkennt man überhaupt eine erfolgreiche Führungskraft? Und was versteht man eigentlich unter „Erfolg"?

Wenn Sie diese Fragen in einem Unternehmen diskutieren, dann stoßen Sie immer wieder auf die herkömmlichen Kriterien, die sich alle messen lassen: Zum Beispiel das Einkommen, die Höhe der Tantieme, der Bilanzabschluß, die Incentives, die Symbole der Macht und des Status.

Hommerich:
Und seien es auch nur zwei oder drei Fenster, die die Arbeitszimmer voneinander unterscheiden.

Maus:
Die Fenster, die Qualität des Chefsessels, die Qualität der Beschichtung des Schreibtisches, die Qualität der Teppichböden. Hier gibt es ja ganz feine Differenzierungsmechanismen, die – und zwar quantitativ meßbar – deutlich machen, welchen Rang und Status – und damit welchen Erfolg – eine Führungskraft hat oder zu haben glaubt.

Hommerich:
Wie würden Sie denn „Erfolg" definieren, wenn es nicht nur das meßbare Ergebnis ist, an dem man sich orientieren kann?

Maus:
Erfolg ist etwas sehr Persönliches. Erfolg hat mit dem Erreichen selbstgesteckter Ziele zu tun. Und hier muß man jedes Wort sehr sorgfältig anschauen. Zunächst einmal das Wort „selbstgesteckt". Das Erreichen eines Zieles kann nur dann als Erfolg angesehen werden, wenn ich mir dieses Ziel im vollen Bewußtsein selbst gesetzt habe, wenn es also ein Teil von mir ist, für mich persönlich sinnvoll ist. Das zweite ist das „Ziel". Ein Erfolg ist nicht etwas, das mir zufällig zugefallen ist, an

dem ich nicht bewußt gearbeitet habe. Ich muß sehr viel Bemühungen da rein gesteckt haben, das Ziel zu erreichen. Und hier haben wir schon das dritte Kriterium, das „Erreichen" eines Zieles. Es kann nicht darum gehen, hinter einem selbstgesteckten Ziel ständig hinterherzuhecheln. Man muß es auch erreichen.

Hommerich:
Jeder Mensch hat andere selbstgesteckte Ziele. Aber ich denke mir, daß diese Ziele schon zwischen den Geschlechtern unterschiedlich definiert werden. Wahrscheinlich wird eine Frau bei der Definition von „Erfolg im Leben" stärker auch darauf abheben, ein glückliches Familienleben zu führen, Kinder zu haben oder an dem Wachstum und an der Förderung anderer Menschen beteiligt zu sein.

Maus:
Erfolg muß überhaupt nichts mit rein äußerlichen Werten zu tun haben, und schon gar nicht ausschließlich mit beruflichen Werten. Das ist ja gerade das Mißverständnis: Viele Menschen – vor allem diejenigen, die es beruflich weit gebracht haben, sind geistig fixiert auf die rein äußerlich sichtbaren Zeichen des Erfolgs. Deshalb auch diese panische Angst vor Mißerfolgen, vor dem Verlust materieller Werte und von Statussymbolen. Sie fürchten, wenn sie nicht die Besten und die Größten sind, jede Liebe und Bewunderung zu verlieren.

Hommerich:
Man sagt ja auch: Menschen, die eine besondere Karriere hinter sich gebracht haben, die mit den Zeichen des äußeren Erfolgs besonders reich ausgestattet sind, haben ein Defizit: Sie sind nicht genug geliebt worden und kompensieren das. Können Sie das aus Ihrer Beobachtung bestätigen?

Creusen:
Jede übermäßige Leistung ist meines Erachtens eine Form von Kompensation. Das kann, muß aber nicht, pathologische Zü-

Leistungserfolge und Lebensfülle

ge haben. Tatsache ist, daß alle Eltern während der Erziehung Liebesentzug mehr oder weniger stark einsetzen. Dies in der Erkenntnis, daß ihr Kind umso gefügiger wird, je stärker sie ihm Liebe und Bewunderung entziehen. Man wird bei allen Menschen, die im Erwachsenenalter besonderen Wert auf Status und Hierarchie legen, besonders intensive Erlebnisse des Liebesentzugs entdecken können.

Hommerich:
Das sind Menschen, die die Psychologin und Trainerin Vera Birkenbiel als die „Tuns-Gestreichelten" beschreibt (31). Solche Menschen werden nicht um ihrer selbst willen geliebt; sie werden vielmehr geliebt, weil sie eine gute Leistung erbringen. Menschen, die „tuns-gestreichelt" sind, haben permanent um die Liebe ihrer Eltern kämpfen müssen, indem sie entsprechende Leistungen an den Tag legten. Dadurch ist eine Eigendynamik in Gang gesetzt worden, die sich bis ins Erwachsenenalter hineinzieht. In der Schule, während des Studiums und im Beruf sind diese Menschen aus sich selbst heraus ungeheuer motiviert dazu, Höchstleistungen zu erbringen wegen des Defizits, das sie in ihrer frühesten Kindheit erfahren haben.

Creusen:
Und demgegenüber gibt es dann auch die „Seins-Gestreichelten"?

Hommerich:
Ja, diese Menschen erzielen in ihrem Berufsleben keine besonderen Leistungen, weil ihnen das Leben von vornherein leicht gemacht worden ist: Sie wurden geliebt um ihrer selbst willen. Was sie auch taten, sie brauchten sich nicht sonderlich anzustrengen. Daher liegt es ihnen fern, in der klassischen Art und Weise Karriere zu machen.

Creusen:
Aber beide Muster führen nicht zur Lebensfülle. Es ist im Grunde paradox: Derjenige, der genug Immaterielles besaß, ist letzt-

lich arm an materiellen Gütern. Und der, der als Erwachsener genug an materiellen Gütern besitzt, hat meist nicht viel Glück in seinem Leben erfahren.

Hommerich:
Die Tatsache, daß wir in dieser Gesellschaft den äußeren Erfolgssymbolen so viel Wert beimessen, liegt mit Sicherheit nicht nur daran, daß wir während der Kindheit Zuwendung entbehren mußten. Es liegt auch daran, daß wir in unserer Gesellschaft insgesamt seelisch „entleert" sind.

Wir sprechen einfach nicht genug miteinander, erfahren nicht genug Zuwendung – weder in unseren Freundschaftsbeziehungen noch in unseren familiären Beziehungen. Statt dessen konzentrieren wir uns auf Dinge, die nicht glücklich machen: auf Geld oder andere Statussymbole. Was glücklich macht, ist das Gespräch mit anderen, das sind die Momente, in denen man über sich selbst hinauswächst, in denen man mit anderen Menschen im Gespräch verschmelzt.

Creusen:
Für den Psychologen Mihaly Csikszentmihalyi ist Glück nichts, was auch nur im Entferntesten mit materiellen Dingen zu tun hat. Glück ist „FLOW": das Bewußtsein, über sich selbst hinausgewachsen zu sein, z. B. durch ein Tennisspiel, das einen Menschen bis an die Leistungsgrenze führt, durch ein Buch, das bestimmte Dinge in einem ganz neuen Licht zeigt, durch eine Unterhaltung, die dazu anregt, vorher noch unbewußte Gedanken bewußt zu machen. Nach einem solchen Ereignis wissen wir, daß wir uns verändert haben, daß unser Selbst gewachsen ist, daß wir selbst komplexer, lebensvoller geworden sind (32). Aber die Möglichkeiten für solche Hochgefühle von „FLOW" sind in unserer Gesellschaft sehr selten geworden!

Aus diesem Grund ist die Erfolgssucht gestiegen, die sich rein äußerlich unter Beweis stellen läßt. Ich habe den Eindruck, daß das Bedürfnis, immer mehr zu erreichen, besonders in

Leistungserfolge und Lebensfülle

Phasen der Neuorientierung größer wird. Auch das Verhalten wird immer gieriger und aggressiver.

Hommerich:
Werden in Phasen der Neuorientierung auch höhere materielle Forderungen gestellt?

Creusen:
Ja, wenn man die Befürchtung hat, daß die geschaffenen Werte langsam dahinschmelzen, will man das, was man hat, auf jeden Fall sichern. Haben Sie nicht den Eindruck, daß der Umgang miteinander deutlich härter geworden ist?

Hommerich:
Ja, der gesellschaftliche und berufliche Umgang ist in jedem Fall härter geworden.

Aber lassen Sie mich noch einmal zurückkommen auf die Orientierungen, an denen Führungskräfte in der Regel ihr Verhalten messen. Woran orientieren sie sich in ihrem privatem Umfeld?

Maus:
Meistenteils an den klassischen Formen der Arbeitsteilung zwischen Mann und Frau. Familien, in denen der Mann beruflich **extrem stark engagiert ist, sind zumeist noch unberührt vom** gesellschaftlichen Wertewandel. Es wird für mehr oder weniger selbstverständlich gehalten – von manchen Chefs sogar erwartet – daß, sofern Kinder vorhanden sind, die Frau auf eine eigene Karriere verzichtet. Täte sie es nicht, wäre der Karriereweg des Mannes in dieser Form kaum möglich. Auch hier haben wir es wieder mit einer Kompensation zu tun: An materiellen Werten mangelt es der Familie nicht, wohl aber an einer der wichtigsten Ressourcen des Lebens – an Zeit für ein intensives Miteinander. Besonders die Kinder sind davon betroffen. Und ich wage sogar die These, daß die meisten erfolgreichen Führungskräfte miserable Familienväter sind.

Tagträume

Hommerich:
Und wie sieht es mit ihren Qualitäten als Ehemann aus? Es ist doch interessant zu sehen, daß Führungskräfte in der Regel nicht geschieden sind. Spricht das für die Güte der Ehe?

Maus:
Ja, möglicherweise. Ich beobachte sehr häufig, daß das Verhalten von Führungskräften in der Firma ein völlig anderes ist als das zuhause. Aufgrund der Tatsache, daß sie so sehr in ihrer beruflichen Tätigkeit aufgehen und sowenig Zeit für ihr Privatleben haben, sind sie im privaten Bereich oft sehr passiv und tolerant. Da läßt man die Dinge laufen, überträgt der Ehefrau unglaublich viel Verantwortung. Viel mehr Verantwortung als man dem eigenen Buchhaltungsleiter jemals zugestehen würde. Im privaten Bereich werden Freiräume gewährt einfach aufgrund eines Mangels an Zeit. Und sicher auch in großer Sorge darum, daß dieser Status, nämlich eine intakte Familie zu haben, auseinanderbrechen könnte. Es werden großzügigst Privilegien verteilt, die man innerhalb der beruflichen Organisation niemals übertragen würden.

Hommerich:
Was meinen Sie mit Privilegien?

Maus:
Finanzielle Ausstattung, Freiräume, Eigenständigkeit, Entscheidungsspielräume usw.

Hommerich:
Ja, ist das denn nicht das Selbstverständliche in einer Ehe?

Maus:
Aber warum ist es denn nicht auch im Beruf selbstverständlich? Die meisten Männer, die eine Karriere im klassischen Sinne vorweisen können, legen im Betrieb meistenteils doch exakt fest, welches Hotel während einer Geschäftsreise zu buchen ist. Da hat die Sekretärin keinerlei Spielraum zu ent-

Leistungserfolge und Lebensfülle

scheiden, wie die Geschäftsreise zu verlaufen hat. Aber mit der Ehefrau diskutiert man noch nicht einmal darüber, ob die nächste Reise nach Italien oder nach Spanien geht. Ich habe das Gefühl, daß das Quantum an Toleranz und Kooperationsbereitschaft von Führungskräften bereits in der Familien aufgebraucht wird, so daß im Beruf kaum noch etwas übrig bleibt.

Hommerich:
Sie sagten: Es werden großzügigst Privilegien verteilt an die Ehefrau. Man könnte das auch ganz anders sehen. Nämlich so, daß eine mögliche Lebensfülle für die Frau durch den Karriereweg des Mannes ad absurdum geführt wird. Es mag ja sein, daß es Frauen gibt, die die klassische Arbeitsteilung zwischen Mann und Frau als großes Glück betrachten. Aber was ist mit denjenigen, die irgendwann einmal – vielleicht dann, wenn die Kinder aus dem Haus gegangen sind – vor einer inneren Leere stehen und sich fragen, ob es richtig war, sich über Jahre hinweg als „verlängerter Arm" eines Karrieremannes zu bewegen?

Creusen:
Sie haben recht: Hier wird nur die eine Seite der Medaille skizziert. Die Frau zahlt natürlich einen hohen Preis: Sie ist nicht nur finanziell von ihrem Mann abhängig, sie ist auch emotional abhängig von Statussymbolen – und vom Wohlwollen des Mannes insgesamt.

Hommerich:
In Zukunft wird dieses Schema in der Form mit Sicherheit nicht mehr funktionieren. Die Frauen werden sich nicht mehr in der Leichtigkeit in die traditionelle Rolle hineinbegeben, wie das heute noch der Fall ist. Das Bildungsniveau der Frauen wird kontinuierlich höher, folglich wird der Wunsch größer, die eigene Ausbildung besser zu nutzen. Was passiert denn, wenn zwei Führungskräfte zusammenleben, Mann und Frau? Ist es dann überhaupt noch möglich, daß der Mann in der Form Karriere macht, wie es heute noch der Fall ist?

Tagträume

Maus:
Ich denke: nein. Unsere jetzige Führungsstruktur impliziert diese Rollenaufteilung in der Familie. Nur derjenige wird Erfolg in seiner Führungsposition haben, der eingebettet ist in eine solche traditionelle Familienstruktur. Deshalb wird auch bei Führungskräften ein so großer Wert auf intakte Familienstrukturen gelegt. Wenn die Frauen kritischer wären, andere Ansprüche stellten, wären Führungskräfte in ihrem Umfeld sehr viel stärker gefordert und könnten den Aufwand im Beruf nicht erbringen, den man so selbstverständlich von ihnen erwartet.

Hommerich:
Das heißt fast zwangsläufig, daß Frauen als Führungskräfte kaum eine Chance haben – es sei denn, sie finden den Mann, der ihnen so den Rücken stärkt, wie es die Ehefrau in ihrer klassischen Rolle tut.

Maus:
Frauen haben es noch aus einem andern Grund viel schwerer, eine Top-Position zu erreichen: Die Tatsache, daß so wenig Frauen in Führungspositionen tätig sind, liegt doch nicht an ihrer mangelnden Qualifikation. Die ist heute so hoch wie die der Männer. Auch die sogenannte Unvereinbarkeit zwischen Familie und Beruf ist nicht das Entscheidende. Entscheidend ist meines Erachtens, daß die Frauen nicht gewillt sind, sich auf das Ritual der Männer einzulassen. Die Spiele um Macht und Einfluß aktiv mitzuspielen, sich selbst in Szene zu setzen, zu dominieren, das letzte Wort zu haben usw. Dieses ritualisierte Erfolgsspiel, wie es tagtäglich in Organisationen stattfindet, ist Frauen zuwider. Und so lange sie es ablehnen, aktiv in diesem Spiel mitzumachen, so lange werden sie von Männern in der Rolle der Mitarbeiterin, der Untergeordneten gesehen.

Das größte Problem, das Frauen daran hindert, gezielt eine Führungsposition in einem Unternehmen anzustreben, ist ihr

Leistungserfolge und Lebensfülle

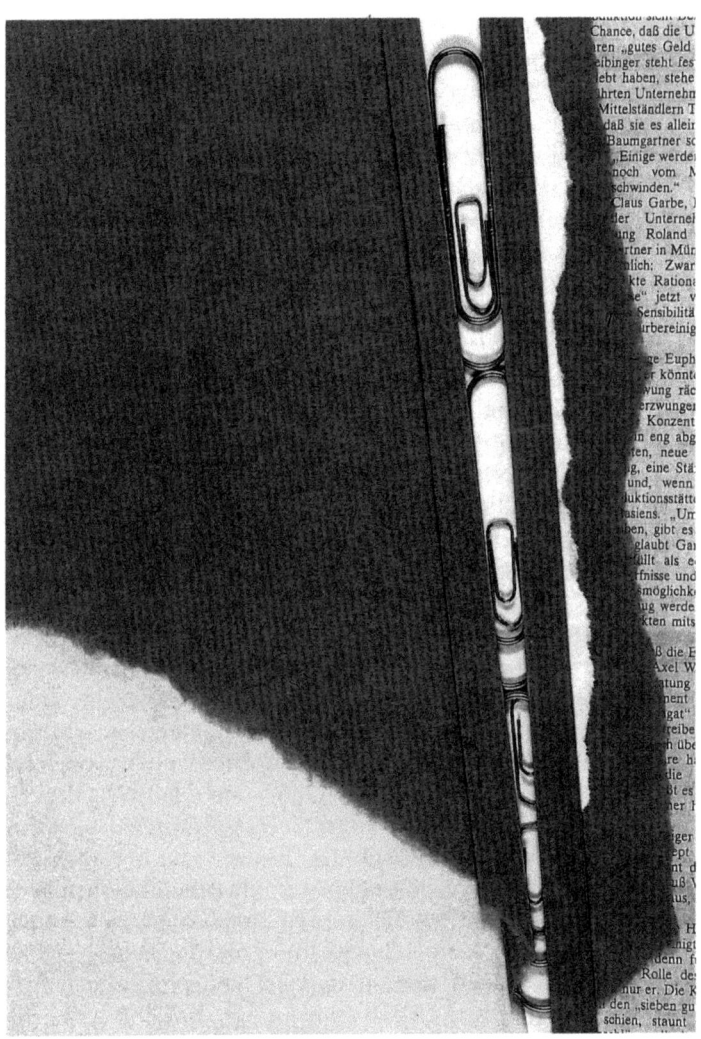

„Sie lehnen es ab, aktiv in dem Spiel mitzumachen."

mangelnder Mut zum Konflikt. Aber der Konflikt ist nun einmal der Vater jeder Entwicklung. Er ist etwas Positives, etwas, das das Leben weiterbringt – und zwar in allen Bereichen. Auch in Organisationen ist das Austragen von Konflikten die einzige Möglichkeit, die Organisation nach vorn zu bringen. Doch genau davor schrecken Frauen zurück: Frauen sind – so beobachte ich es immer wieder – von Natur aus harmoniebedürftiger als Männer. Sie stehen sich damit selbst im Wege, wenn es darum geht, in eine Führungsposition zu kommen.

Hommerich:
Ich weiß nicht, was zur Natur der Geschlechter gehört und was nicht. Vielleicht haben Sie Recht mit Ihrer Beobachtung, daß das harte Austragen von Konflikten von Frauen in der Regel nicht so sehr geschätzt wird. Das kann aber auch ein Vorteil sein, wenn wir über neue Führungsqualifikationen nachdenken, darüber auch, wie man Konflikte menschlicher und mit mehr Augenmaß austrägt.

Was dagegen das Erfolgsspiel anbelangt, so denke ich, daß die Frauen es nicht generell ablehnen, sie wollen das Erfolgsspiel nur in einem anderen Rahmen – nach ihren Spielregeln – spielen. Wie erklären Sie es sich sonst, daß heute zwei von drei Unternehmensgründungen von Frauen durchgeführt werden? Das ist doch ein Zeichen dafür, daß Frauen den Erfolg durchaus suchen, aber jenseits des Profilierungskampfes, wie er in großen Organisationen stattfindet. Frauen, die beruflich gut sind, wollen einfach nicht ihre besten Jahre damit verbringen, im Spiel der Seilschaften als Statist mitzuspielen, sich weiter als „Kofferträger", wenn's hochkommt als „Fackelträger" ihres Chefs zu betätigen. Der einzige Weg, neue Spielregeln auszuprobieren, die eigene Kraft zu erproben, besteht darin, die Organisation zu verlassen und selbst eine neue aufzubauen.

Leistungserfolge und Lebensfülle

„*Frauen wollen das Erfolgsspiel nur in einem anderen Rahmen – nach ihren Spielregeln – spielen.*"

4. „Führen" statt „managen"
Neue Wege für Wachstum nach innen und außen

> *„Gewöhnlich vergeßt ihr aber über eurem Addieren und Bilancieren das eigentliche Fazit des Lebens."*
> *(Johann Wolfgang von Goethe)*

Creusen:
Phantasieren wir ein Stück weiter. Wie stellen Sie sich die neuen Spielregeln vor, die das, was wir bisher diskutiert haben, in den Schatten stellen? Wie müßte das neue Paradigma der Führung aussehen?

Hommerich:
Es müßte grundsätzlich Abstand nehmen von den Kategorien der Beherrschbarkeit, der Machbarkeit, der Macht. Es müßte sich distanzieren von der Vorstellung, andere und anderes nach eigenem Gutdünken, nach eigenen Zielvorgaben zu „handhaben" und zu steuern.

Die Welt ist nicht mehr die tote Maschine des Herrn Descartes, die man glaubt steuern zu können, ebensowenig wie die Menschen Objekte der Manipulation sind. Das mechanistische Weltbild, wie es im 16. und 17. Jahrhundert für das Selbstverständnis der westlichen Welt so entscheidend wurde, hat doch dazu geführt, die Erde rücksichtslos zu plündern und auszubeuten, einen Lebensstil zu praktizieren, der überhaupt nicht mehr im Einklang mit der Natur steht.

Führen statt managen

Die Naturkatastrophen, die wir täglich miterleben können – und sei es auch „nur" über das Fernsehen – führen uns schonungslos vor Augen, daß die Welt ein riesiger lebendiger Organismus ist – ein subtiles Geflecht von wechselseitigen Abhängigkeiten. Da haben Allmachtsgedanken wie die Phantasien, Herr und Meister des eigenen Tuns zu sein, einfach keinen Platz mehr.

Maus:
Wer führt, muß zunächst einmal akzeptieren, daß er selbst nur ein Teil – und zwar ein winziger Teil – in diesem lebendigen Organismus ist. Daß er nicht mehr außerhalb steht, nicht mehr steuernd eingreifen kann, sondern daß alles, was er tut – im Guten wie im Schlechten – wieder auf ihn zurückschlägt: Wer zuläßt, daß Gifte in Gewässer eingeleitet werden, muß auch akzeptieren, daß seine eigenen Kinder vergiftetes Wasser trinken. Und wer Mitarbeiter wie Unmündige behandelt, muß akzeptieren, daß er seelisch dermaßen verkümmert, daß man sich von ihm abwendet – beruflich wie privat.

Hommerich:
Wobei wir wieder bei der „neuen Bescheidenheit" angekommen sind. Vielleicht sollte man besser sagen: bei der Verantwortung vor sich selbst. Ich denke, daß Führende nicht primär ihrem Unternehmen oder gar ihrem Chef, noch weniger den Zahlen gegenüber Verantwortung tragen, sondern sich in erster Linie ihrem Gewissen verantworten sollten. Kants „Kategorischer Imperativ" ist hier wieder unhintergehbar: „Handle so, daß der Beweggrund deines Willens jederzeit zur Grundlage einer allgemeinen Gesetzgebung werden könnte".

Maus:
Wenn ich das als Führender akzeptiere, kann ich nur die Unternehmensstrategien mittragen, die anderen Menschen ebenso zugute kommen wie mir selbst. Und dann werde ich auch Mitarbeiter so behandeln, wie ich selbst behandelt werden möchte.

Neue Wege für Wachstum

Creusen:
Frei nach Kant: Führe so, wie du selbst geführt werden willst. Vor diesem Grundsatz haben Dominanzbeweise, eigenmächtige Zielvorgaben usw. keinen Platz mehr. Vor diesem Hintergrund zählt nur noch das authentische partnerschaftliche Verhalten.

Hommerich:
Die Überheblichkeit, die zur Schau gestellte Asymmetrie, unter der Mitarbeiter oft leiden, ist doch nur ein Zeichen dafür, daß die Führenden den Einklang mit sich selbst verloren haben. Wer in sich selbst ruht, wer sich selbst liebt mit seinen Stärken und Schwächen und der eigenen Kraft vertraut, hat es doch gar nicht nötig, sich über andere zu erheben, sie zu entmündigen.

Wer im Einklang mit seiner inneren Natur lebt, dem sind die Insignien des äußeren Erfolges eher gleichgültig: das luxuriös ausgestattete Büro, der Dienstwagen – all die Symbole, es „weit gebracht" zu haben.

Creusen.
Wer Statussymbole, die Zeichen der Asymmetrie, so lebenswichtig braucht, hat das „natürliche Maß" schon hinter sich gelassen: Er steht in der Gefahr, sich mit dem Toten weit mehr zu verbünden als mit dem Lebendigen. Und in dem Maße, wie er sich innerlich mit dem Toten verschmelzt – mit den Insignien von Status und Macht – so wächst die Angst, sie wieder zu verlieren. Rupert Lay stellt in diesem Zusammenhang die Frage: „Was besitzt Sie, statt von Ihnen besessen zu werden"? (33) Dann wird gemauert, dann werden Grenzen abgesteckt, Hierarchien ausgebaut und zementiert, Informationen kanalisiert, Positionen gesichert. Dann steht man außerhalb des Ganzen, außerhalb lebendiger Strukturen. Dann wächst der Anspruch, nach eigenen Vorgaben zu steuern, die Dinge „im Griff" zu behalten. Dann wird „gemanagt" – im klassischen Sinn des Wortes.

Führen statt managen

Hommerich:
Sollten wir den Management-Begriff nicht ersatzlos aus der Sprache streichen?

Maus:
Ja, auf jeden Fall. Die Menschen brauchen nicht andere Menschen, die sie „managen", die sie steuern und kontrollieren, die Macht über sie ausüben. Sie brauchen Menschen, die sie ermächtigen, sich selbst zu steuern: ihre Ziele mit denen anderer abzustimmen, für das einzustehen, was sie für sinnvoll halten. Sie brauchen die Freiheit, sich selbst zu führen.

Das Selbstmanagement muß das Management endlich ablösen, damit die Impulse frei von unten nach oben wachsen. Was wir brauchen, sind lebendige Strukturen, die Kompetenz und Kreativität gedeihen lassen – und zwar gleichgültig, wo die Menschen in der Organisation auch stehen. Was wir brauchen, ist ein Geist, der Risikobereitschaft, Mut, die Freiheit zum Fehlermachen positiv bestärkt. Ein Geist, der Querdenkern eine Heimat gibt und Experimente auf Dauer stellt. Solche Strukturen schaffen nur Führer, keine Manager.

Hommerich:
Wir besitzen in Deutschland keinen Begriff, der das neue Paradigma der Führung auf den Punkt bringt. Wenn Sie die gängigen Ausdrücke Revue passieren lassen, stoßen Sie nur auf Grenzen für Selbstmanagement: Chef, Vorgesetzter, Geschäftsführer, Vorstand, Präsident, Coach – all diese Ausdrücke implizieren eine Hierarchie, ein Oben, ein Unten; einer, der davorsitzt und einer, der dahinter sitzt, einer, der Vorgaben macht, einer, der sie ausführt. Genau davon wollen wir doch wegkommen!

Creusen:
Das, was wir beschreiben wollen, läßt sich mit Begriffen wie weise, reflexiv, selbstgesteuert, selbstverantwortlich, aber auch vital, mutig, kreativ beschreiben. Ein Mensch, der diese Eigenschaften in sich vereinigt, ist so eine Art „Powerwise": je-

mand, der auf der einen Seite jung und kraftvoll ist – aktiv, engagiert, handelnd, mutig, neugierig, begeisterungsfähig, offensiv; auf der anderen Seite aber auch weise – also reflexiv, reif, selbstkritisch.

Hommerich:
„Weise" gefällt mir gut, weil ich hier am ehesten den Einklang mit der Natur sehe: Wer weise ist, hebt sich nicht ab von seinen natürlichen Grundlagen, bleibt vielmehr bodenständig – in den Kreislauf des Lebens, in den Zyklus von Werden und Vergehen einbezogen.

Creusen:
Und wer weise ist, hat den Mut zur Langsamkeit. Heute, wo man so selbstverständlich von „speed management" spricht, sollte man sich vergegenwärtigen, daß die Langsamkeit genauso ihr Recht hat wie die Schnelligkeit, ja sogar, daß die Schnelligkeit der Langsamkeit bedarf. Sten Nadolny zeigt in seinem Buch „Die Entdeckung der Langsamkeit" (34), daß die ursprünglich vermutete Schwäche des Protagonisten – seine Langsamkeit nämlich – eine riesige Stärke darstellt, wenn es darum geht, sich sehr sorgfältig auf eine Aktion vorzubereiten, die über Leben und Tod entscheidet. Das ist ähnlich wie bei der Katze vor dem Sprung: Eine unglaubliche Ruhe, ein Höchstmaß an Geduld wechseln sich ab mit der blitzschnell durchgeführten Aktion. Wer weise ist, nimmt sich die Zeit, wohlüberlegte Entscheidungen zu treffen und abzuwarten, bis die Zeit reif ist zur Umsetzung.

Maus:
Und wer weise ist, nimmt sich selbst nicht mehr so wichtig, ist nicht mehr anfällig für die „Megalomanie". Wer weise ist, kann sich zurücknehmen, kann andere kommen lassen. Wer weise ist, braucht nicht das letzte Wort zu behalten. Das hindert nicht daran, sich moderierend einzuschalten, Ideen einzubringen, zu raten, zu ermutigen. Im Gegenteil!

Führen statt managen

Das neue Paradigma der Führung muß dem Wachstum der vielen weit mehr verpflichtet sein als der Stärkung der eigenen Ideen.

Es muß auf den Dialog von Partnern, nicht auf den Monolog des einzelnen setzen. Das heißt in letzter Konsequenz: Wer führt, muß so stark sein, daß er den Mut hat, sich überflüssig zu machen. Wer diesen Mut hat, wer so in sich ruht, wer an die eigene Kraft glaubt, wird gerade deshalb nicht überflüssig: Menschen, aus diesem Holz geschnitzt, finden immer wieder neue Herausforderungen!

Creusen:
„Weise" wird meistenteils mit „alt" assoziiert. Das ist aber gar nicht zwingend. Weisheit ist doch eine Frage der inneren Einstellung, der persönlichen Lebensphilosophie. Wer in frühester Jugend schon dazu neigt, sich durchzusetzen, das letzte Wort zu haben, wird auch als älterer Mensch nicht begreifen, daß man so nicht führen kann.

Wer sich dagegen schon als junger Mensch an anderen Menschen begeistert, wer andere Ansichten nicht als Angriff oder gar als Bedrohung, sondern als Bereicherung des eigenen Standpunktes empfindet, wird schon früh führen können. So ein Mensch prescht vor, reißt mit, begeistert – aber immer so, daß sich andere einbringen können.

Hommerich:
Was Menschen auszeichnet, die führen können, ist im Kern ihre Liebesfähigkeit: Liebesfähigkeit macht jung, gleichgültig, wie alt die Menschen sind. Nur die Liebe schafft Leben. Wer liebt, überwindet seine Grenzen, seine Vorurteile, seine Rituale, ist offen für Neues und bereit, es in vollen Zügen in sich aufzusaugen. Wer liebt, schafft Synthesen, neue Strukturen, die alles bisher Dagewesene in den Schatten stellen.

Wer sich selbst, wer andere Menschen, wer das Leben liebt, vertraut der Kraft, dem Ideenreichtum, der Neugier, der Phantasie in sich selbst und in anderen und brennt darauf, sie auszuleben.

Creusen:
Liebe und Angst – die Geburtshelfer und die Totengräber des Neuen? Sind die Menschen, die andere in ihrer Entfaltung beschneiden, die die eigene Position sichern, diejenigen, die durch ihre Angst am aufrechten Gang gehindert werden?

Maus:
Die Angst schafft die Enge, die Grenzen. Und diese Angst äußert sich in vielfältiger Form: als Ressentiment, als Vorurteil, als Seilschaft, als Flucht. Die Angst ist in den Führungsetagen viel häufiger anzutreffen als man glaubt. Und sie ist gleichzeitig das am besten gehütete Tabu.

Für Mitarbeiter ist die Angst ihrer Chefs nur spürbar, nicht kommunizierbar. Das offene Gespräch darüber ist ebenso tabuisiert wie der Rollentausch in der Beurteilung. Aber was spricht eigentlich dagegen, daß Mitarbeiter ihren Chefs feedback geben über ihr Führungsverhalten, wenn nicht die Angst, vom Sockel zu fallen?

Da geht der Chef lieber zum Führungstraining, möglichst zu einem, wo er sicher sein kann, daß man ihn nicht kennt...

Hommerich:
Was ist die Alternative dazu? Wie kann es gelingen, in einem Unternehmen eine Organisationsentwicklung in Gang zu setzen, die die Führenden endgültig Abschied nehmen läßt vom Mach(t)barkeitswahn, vom Einzelkämpfertum, vom Ressortegoismus? Eine Entwicklung, die es auf der anderen Seite ermöglicht, daß Menschen – gleichgültig auf welcher hierarchischen Ebene sie stehen – sich selbst führen, gemeinsam Ziele definieren, sich mit all ihrer Kompetenz und Kreativität konstruktiv in die Organisation einbringen?

Führen statt managen

Maus:
Der Fisch beginnt bekanntlich am Kopf zu stinken. Wenn ein Unternehmen Ernst damit machen will, die Hierarchien zu verflachen und alle Beteiligten zum Selbstmanagement im hier definierten Sinne zu befähigen, dann muß man auf der höchsten Ebene mit dem Prozeß der Organisationsentwicklung beginnen. Und das heißt: Ein bis zwei Mitglieder des Top-Managements müssen sich bereit erklären, sich mehrere Tage lang kritisch mit dem eigenen Führungsverhalten auseinanderzusetzen.

Eine gute Möglichkeit dazu bietet das bereits erwähnte GRID Management-Training. Das Besondere gegenüber anderen Führungs-Trainings besteht bei GRID darin, daß die Teilnehmer, die aus unterschiedlichen Organisationen kommen, den anderen Mitgliedern des Seminars kritisches Feed-back u. a. zu ihrem Auftreten, ihrem Sprachstil, ihrem Dominanz-Anspruch geben (35).

Hier ist auch der Vorstandsvorsitzende nicht mehr „gleicher als gleich". Er bekommt hier vielleicht zum ersten Mal seit langer Zeit Rückmeldung zu der Art und Wiese, wie er führt. Er wird nicht mehr mit Glacé-Handschuhen angefaßt; man hält ihm vielmehr kritisch den Spiegel vor. Eine unglaubliche Erfahrung besonders für diejenigen, die über die Jahre hinweg in der „Sprachlosigkeit" an der Führungsspitze verbracht haben!

Das ist der erste Schritt, der die Dinge ins Rollen bringt. Der zweite besteht darin, diese Erfahrung für das erweiterte Führungsgremium zu multiplizieren. Erst danach kann der Prozeß der Organisationsentwicklung systematisch im Hinblick auf die besonderen Bedürfnisse der Organisation in Angriff genommen werden.

Hommerich:
Und wenn das Top-Management mauert? Wenn es durch die neuen Erfahrungen persönlich so irritiert ist, daß es es vor-

zieht, weiterhin mit den altbewährten Masken im Unternehmen zu agieren?

Maus:
Dann ändert sich überhaupt nichts. Die Organisationsentwicklung steht und fällt mit der Bereitschaft der Führungsspitze zum offenen Gespräch, zum Konflikt, zum persönlichen Über-Sich-Hinauswachsen! Wenn diese Bereitschaft nicht vorhanden ist, können Führungskräfte der mittleren Ebene so viele Führungstrainings absolvieren wie sie wollen: An der Unternehmenskultur wird sich nichts ändern, solange nicht der Startschuß dazu von ganz oben abgegeben wird.

Hommerich:
Können es sich die Häuptlinge denn heutzutage noch leisten, diesen Prozeß des Wandels zu torpedieren? Findet durch den verschärften Wettbewerb nicht ein „natürlicher Ausleseprozeß" statt, der nur die Unternehmen überleben läßt, denen es gelingt, die besten Mitarbeiter an sich zu binden? Und die besten Mitarbeiter sind nun einmal die, die sich in ihrer Kompetenz und Kreativität frei entfalten können...

Maus:
Ich bin davon überzeugt, daß nur die Unternehmen überleben werden, die sich durch eine gelebte Unternehmenskultur auszeichnen. Durch eine Kultur, die die Führenden mit der „neuen Bescheidenheit" ausstattet, die für die Entfaltung von Mitarbeitern nun einmal unverzichtbar ist. Durch eine Kultur, die den althergebrachten Ressortegoismus durch einen gelebten Teamgeist ersetzt.

Hommerich:
Und wie schafft man eine solche Team-Kultur?

Maus:
Indem man innerbetrieblich – mit unterschiedlichen Gruppen von Mitarbeitern – darüber nachdenkt, wie man zukünftig mit

Macht und Autorität umgehen will, welche gemeinsamen Leistungsziele man sich setzen will und wie man innovatives Potential freisetzen will.

Wenn man solche Diskussionen z. B. mit Hilfe von GRID moderiert, haben sich die Teilnehmer am Ende der Veranstaltung auf einen gemeinsamen Normen-Kodex geeinigt, an dem sie zukünftig ihr Verhalten bei der Zusammenarbeit messen wollen. Dann geht es darum, in regelmäßigen Abständen zusammenzukommen und wechselseitiges Feed-back zu geben, ob man sich noch im Rahmen des Normen-Kodex bewegt.

Was dabei ganz wichtig ist: Der Aufbau von Team-Kultur kann nur gelingen, wenn sich jedes einzelne Gruppenmitglied aktiv daran beteiligt, gemeinsame Normen für die Teamarbeit aufzustellen. Nicht der Trainer darf die Normen vorgeben, sondern die Mitarbeiter selbst! Die Menschen identifizieren sich eben nur mit dem, was sie selbst für richtig halten, nicht mit den Standards, die man ihnen „überstülpt".

Es wird höchste Zeit, wegzukommen von den in Hochglanzbroschüren festgehaltenen „Leid-Bildern", die den Menschen zumeist von ihren Feudalherren „übergestülpt" wurden. Es wird höchste Zeit, Leit-Bilder für das gemeinsame Handeln an deren Stelle zu setzen. Und an deren Zustandekommen müssen alle (!) beteiligt sein.

Hommerich:
Ein hoher Anspruch! Denn das bedeutet, daß in den Unternehmen in letzter Konsequenz eine Diskurs-Kultur gepflegt wird, eine Kultur, die nur dem besseren Argument verpflichtet ist.
Creusen:
Können Sie das an einem Beispiel erläutern?

Hommerich:
Wer sich darauf einläßt, mit anderen nach Maßstäben zu suchen, die für das Handeln des einen wie für das des anderen

gleichermaßen verbindlich ist, handelt „diskursiv". Wir alle kennen die Situation: Wer als Elternteil mit seinen Kindern nach Maßstäben sucht, mit denen alle leben können, durch die sich niemand benachteiligt oder übervorteilt fühlt, handelt „diskursiv". Wer sich mit seinem Nachbarn im Konfliktfall auf neue Wertmaßstäbe einigt, auf solche jenseits geltenden Rechts, die der eine ebenso akzeptieren kann wie der andere, handelt „diskursiv" (36).

Der „Diskurs" ist das Forum für eine Kultur, die der Gewalt und der Macht abschwört – für eine Kultur ohne Gewinner und Verlierer. Für eine Kultur, die das Beste mobilisiert, das den Menschen auszeichnet: Die Fähigkeit, vorurteilsfrei zu fragen, den anderen als gleichberechtigt wahrzunehmen und sich mit ihm auf vernünftige Maßstäbe des Handelns zu einigen. Auf Maßstäbe, die vor der eigenen Überzeugung ebenso bestehen können wie vor der Überzeugung des anderen. Denn der „Diskurs" gründet sich im Kern auf Herrschaftsfreiheit.

Maus:
Wenn wir es wirklich schaffen wollen, dort anzukommen, wo man „diskursiv" miteinander umgeht, muß ganz oben mit dem Abschied vom Mach(t)barkeitswahn ein Zeichen gesetzt werden.

Die Autoren

Dr. Brigitte Hommerich
arbeitete zunächst als Referentin für Bildungs- und Öffentlichkeitsarbeit im Märkischen Arbeitgeberverband, Hagen, später als PR-Leiterin der OBI Bau- und Heimwerkermärkte. Seit 1991 ist sie selbständig tätig als Geschäftsführerin von Imago, Agentur für Kommunikation, Wuppertal. Schwerpunte ihrer Arbeit sind Öffentlichkeitsarbeit, Marketing-Beratung, Organisationsentwicklung, Kommunikations- und Führungstrainings für Unternehmen und Institutionen.

Manfred Maus
gründete 1970 zusammen mit Dr. Emil Lux den ersten OBI Bau- und Heimwerkermarkt in Hamburg. Zur OBI-Gruppe gehören heute in Deutschland 300 Märkte und rund 50 Bau- und Heimwerkermärkte in Italien, Österreich, Ungarn und Tschechien. Der Gesamtumsatz der OBI-Gruppe beträgt 4,1 Milliarden DM. Manfred Maus ist geschäftsführender Gesellschafter der OBI Bau- und Heimwerkermärkte und der OBI-Systemzentrale, Gründungs- und Vorstandsmitglied des Deutschen Franchise-Verbands, München, Vizepräsident des Europäischen Franchise-Verbands, Paris, und Präsident des Bundesverbands Deutscher Heimwerker-, Bau- und Gartenfachmärkte, Köln.

Autoren

Dr. habil. Utho C. Creusen
ist seit 17 Jahren bei OBI Bau- und Heimwerkermärkte tätig. Er arbeitete zunächst als Marktleiter und später als Personalleiter und Trainer moderner Managementmethoden. Besondere Erfahrungen sammelte er in den Bereichen Organisationsentwicklung, Teamentwicklung und Kundenorientierung. Seine Habilitationsschrift verfaßte er zum Thema „Unternehmensfusionen". Dr. Creusen ist als Lehrbeauftragter an mehreren Hochschulen tätig.

Marlies Rainer
ist Bildhauerin und Dozentin für „Kunst im Sozialen"/Kulturpädagogik an der Alanus Hochschule, Alfter und hat die Collagen zu diesem Buch erstellt. Außerdem ist sie freischaffend tätig als begleitende Künstlerin in Seminaren zur Organisationsentwicklung.

Anmerkungen

1) Norbert Blüm:
   Wir brauchen eine Kulturrevolution, in: Die Zeit, 3/1994, S. 24
2) James P. Womack/Daniel T. Jones/ Daniel Roos:
   Die zweite Revolution in der Autoindustrie. Konsequenzen aus der weltweiten Studie des Massachusetts Institute of Technology, Frankfurt/New York 1992
3) David Clutterbuck/ Stuart Crainer:
   Die Macher des Managements. Hintergründe, Schlüsselkonzepte, Auswirkungen, Wien 1991, S. 282 ff.
4) Frankfurter Allgemeine Zeitung (Hrsg.):
   Attraktivität und Unternehmenskultur sind gefragt. Image und Attraktivität von Unternehmen beim Führungsnachwuchs, Frankfurt 1991
5) Deutsche Marketing-Vereinigung e. V. und Deutsche Bundespost Postdienst (Hrsg.):
   Das Deutsche Kundenbarometer. Eine Studie zur Kundenzufriedenheit in der Bunderepublik Deutschland, Düsseldorf 1994
6) Steven D. Lydenberg/Alice Tepper Marlin/Sean O Brien Strub and the Council on Economic Priorities:
   Rating America's Corporate Conscience. A provocative guide to the companies behind the products you buy every day, 1986
7) Jürgen Fuchs:
   Zur Sache, in: Frankfurter Allgemeine Zeitung, 1. 7. 1995, S. 47
8) Minoru Tominago, in:
   Impulse, 8/1995, S. 48 f
9) Hans Ulrich/Gilbert J. B. Probst:
   Anleitung zum ganzheitlichen Denken und Handeln. Ein Brevier für Führungskräfte, Bern/Stuttgart 1990

Anmerkungen

10) Thomas J. Peters/Robert H. Waterman:
Auf der Suche nach Spitzenleistungen. Was man von den bestgeführten US-Unternehmen lernen kann, Landsberg am Lech 1983
11) Paul Watzlawick:
Vom Schlechten des Guten oder Hekates Lösungen, München 1991
12) Franz Borkenau:
Der Übergang vom feudalen zum bürgerlichen Weltbild, Darmstadt 1976, S. 15 ff.
13) David Clutterbuck/Stuart Crainer:
Die Macher des Managements, Wien 1991, S. 246
14) Kenneth Blanchard/Spencer Johnson:
Der Minuten Manager, Reinbek bei Hamburg 1986
15) Faith Popcorn:
Der Popcorn Report. Trends für die Zukunft, München 1993
16) Gertrud Höhler:
Offener Horizont. Junge Strategien verändern die Welt, Düsseldorf 1988
17) Gerd Gerken:
Die Zukunft des Handels, Freiburg 1987, S. 191 ff.
18) Norbert Blüm:
Wir brauchen eine Kulturrevolution, in: Die Zeit, 3/1994,
19) Rupert Lay:
Über die Kultur des Unternehmens, Düsseldorf/ Wie/New York 1992, S. 229
20) Warren Bennis/Burt Nanus:
Führungskräfte. Die vier Schlüsselstrategien erfolgreichen Führens, Frankfurt/M. 1985
21) Rupert Lay:
Dialektik für Manager. Methoden des erfolgreichen Angriffs und der Abwehr, Frankfurt/M. 1992, S. 9
22) David Clutterbuck/Stuart Crainer:
Die Macher des Managements, Wien 1991, S. 114 ff.
23) Max Weber:
Wirtschaft und Gesellschaft, Tübingen 1972, S. 28

Anmerkungen

24) Günter Ogger:
    Nieten in Nadelstreifen. Deutschlands Manager im Zwielicht, München 1992, S. 18
25) Deborah Tannen:
    Du kannst mich einfach nicht verstehen. Warum Männer und Frauen aneinander vorbeireden, Hamburg 1993, S. 19 ff.
26) Reinhard Sprenger:
    Mythos Motivation. Wege aus einer Sackgasse, Frankfurt/New York 1992, S. 174
27) David Clutterbuck/Stuart Crainer:
    Die Macher des Managements, Wien 1991, S. 58 ff.
28) David Clutterbuck/Stuart Crainer:
    Die Macher des Managements, Wien 1991, S. 161 ff.
29) Rupert Lay:
    Führen durch das Wort, Frankfurt/M./Berlin 1991, S. 55
30) Vera Birkenbihl:
    Stroh im Kopf? Gebrauchsanleitung fürs Gehirn, S. 26 ff.
31) Vera Birkenbihl:
    Kommunikationstraining. Zwischenmenschliche Beziehungen erfolgreich gestalten, München/Landsberg am Lech 1993, S. 56 ff.
32) Mihaly Csikszentmihalyi:
    Flow. Das Geheimnis des Glücks, Stuttgart 1992, S. 71 ff.
33) Rupert Lay:
    Über die Kultur des Unternehmens, Frankfurt/M. 1992, S. 228
34) Sten Nadolny:
    Die Entdeckung der Langsamkeit, München 1987
35) Arnulf D. Schircks:
    Management Development und Führung, Göttingen 1994, S. 142 ff.
36) Jürgen Habermas:
    Können komplexe Gesellschaften eine vernünftige Identität ausbilden?, in: J. Habermas/D. Henrich: Zwei Reden. Aus Anlaß des Hegel-Preises, Frankfurt/M. 1974

Notizen

Für Ihre Anregungen, Anmerkungen und Notizen:

Notizen

Für Ihre Anregungen, Anmerkungen und Notizen:

Notizen

Für Ihre Anregungen, Anmerkungen und Notizen:

Notizen

Für Ihre Anregungen, Anmerkungen und Notizen:

Gabler Management Broschur: bisher erschienen

Norbert Dähne:
Die persönliche Informationsverarbeitung
Wie Sie den PC zur eigenen Lebensgestaltung nutzen können
1995, 248 Seiten, Brosch., ISBN 3-409-18842-8

Die PC-Anwendungen im privaten Bereich sind häufig noch mehr Spielerei als eine effektive Unterstützung der persönlichen Informationsverarbeitung. Das Buch gibt die Anleitung zum Aufbau einer persönlichen Informationsverarbeitung, die eine Hilfe in der Organisation des täglichen Lebens sein kann.

Harald Münzberg:
Den Kundennutzen managen
So beschreiten Sie den Weg zur Wertschöpfungskette
1995, 208 Seiten, Brosch., ISBN 3-409-18840-1

Die Herausforderung der nächsten Jahre liegt darin, nicht mehr nur Produkte zu fertigen, sondern Kunden-Nutzen zu produzieren. Das Konzept des Kunden-Nutzen-Managements ist dabei eine Vorwärtsstrategie, um gemeinsam mit dem Kunden und weiteren Partnern in der Wertschöpfungskette die notwendige Marktpräsenz sicherzustellen. Das Buch will Anregungen zur Neuausrichtung der Marktbearbeitung geben – es will aber auch provozieren, um Denkgewohnheiten zu durchbrechen.

Stefan Skirl/Ulrich Schwalb (Hrsg.):
Vorsprung durch Einmaligkeit
Bausteine und Wege zum Erfolgsprogramm
1995, 208 Seiten, Brosch., ISBN 3-409-18841-X

Das Buch entwickelt Bausteine und zeigt Wege zur Einmaligkeit und Spitzenleistung. Modul 1: Lassen Sie sich begeistern von außergewöhnlichen Persönlichkeiten. Modul 2: Von Winnern lernen – Was die Einmaligen anders machen. Modul 3: Bausteine zur Einmaligkeit – Wege in eine erfolgreiche Zukunft.

Gabler Management Broschur: bisher erschienen

Lutz Becker/Andreas Lukas (Hrsg.):
Effizienz im Marketing
Marketingprozesse optimieren
statt Leistungspotentiale vergeuden
1994, 240 Seiten, Brosch., ISBN 3-409-18775-8

Viele Unternehmen übersehen, daß die eigenen Leistungspotentiale bei weitem nicht ausgeschöpft sind. Die Autoren stellen praktikable Methoden und Werkzeuge vor, mit denen Prozesse des Marketing unter Effizienzkriterien erfolgreich gesteuert werden können.

Susanne Behrend/Mummert & Partner FVT:
Fit in Schlips und Kragen
Ein Trainingsleitfaden für den Berufsalltag
1994, 180 Seiten, Brosch., ISBN 3-409-18779-0

„Fit in Schlips und Kragen" zeigt einen Weg zur Fitneß auf, der wenig zeitaufwendig aber effektiv ist. In über 150 Übungen geht die Autorin auf die Bereiche Herz-, Kreislauf-, Körperaufbautraining, Atem- und Entspannungstherapie und Haltungsschulung ein. Alle Übungen können auch während der Arbeitszeit durchgeführt werden.

Stefan Skirl/Ulrich Schwalb (Hrsg.):
Das Ende der Hierarchien
Wie Sie schnell-lebige Organisationen erfolgreich managen
1994, 216 Seiten, Brosch., ISBN 3-409-18738-3

Die starren, militärischen Strukturen der Hierarchie im Unternehmen werden dem schnellen Wandel des Marktes nicht mehr gerecht. Welche Möglichkeiten es gibt, von den eingefahrenen Denkmustern wegzukommen, neue Ideen und neue Organisationsformen zu entwickeln, zeigen die Autoren dieses Buches an praktischen Beispielen von bereits gelebten neuen Organisationsformen.

Gabler Management Broschur: bisher erschienen

Dana Schuppert/Andreas Lukas:
Signale zum Aufbruch
Was Manager der Zukunft auszeichnet
1994, 176 Seiten, Brosch., ISBN 3-409-18774-X

Die Zeichen der Zeit stehen auf Umbruch. Überkommene Strukturen der Hierarchie lösen sich auf. Der Taylorismus hat abgewirtschaftet. Viele Unternehmen sind aber immer noch streng hierarchisch organisiert. Veränderungen wachsen aus neuen Verbindungen, aus dem Blick in andere Disziplinen. Das Buch zeigt Wege auf, wie Aufgaben ganzheitlich und interdisziplinär angegangen werden können.

Jan Mees/Stefan Oefner-Py/Karl-Otto Sünnemann:
Projektmanagement in neuen Dimensionen
Das Hologramm zum Erfolg
2. Auflage 1995, 233 Seiten, Brosch., ISBN 3-409-28726-4

Das Buch bietet eine brauchbare Anleitung für erfolgreiches Projektmanagement. Es wurde innerhalb kurzer Zeit zu einem hilfreichen Leitfaden für viele, die an Projekten arbeiten. Die Betrachtung von Projekten als Ganzes und die Zerlegung in sinnvolle Teilaspekte hat sich in der Praxis als sehr wirkungsvoll erwiesen.

Brigitte Hommerich/Manfred Maus/Utho Creusen:
Die Chance Innovation
Wie Sie Wandel mit Mitarbeitern leben und gestalten
2. Auflage 1994, 166 Seiten, Brosch., ISBN 3-409-28735-3

Innovationen können im Unternehmen gelebt werden, wenn Mitarbeiter Wandel mitgestalten. In Form eines Dreier-Gesprächs verdeutlichen die Autoren dem Leser ihre Idee und Verwirklichung einer gelebten Innovation.

MIX
Papier aus verantwortungsvollen Quellen
Paper from responsible sources
FSC® C105338

If you have any concerns about our products,
you can contact us on
ProductSafety@springernature.com

In case Publisher is established outside the EU,
the EU authorized representative is:
**Springer Nature Customer Service Center GmbH
Europaplatz 3, 69115 Heidelberg, Germany**

Printed by Libri Plureos GmbH
in Hamburg, Germany